Rheinsberg und die Ruppiner Schweiz

Landschafts- und Reiseführer

Kultur- und Reiseführer für Wanderer, Wassersportler, Rad- und Autofahrer

Jo Lüdemann

grünes herz

Natürlich behauptet jeder Autor, dass er die beschriebene Gegend besonders liebt, diese oft be- und erfahren hat und sowieso schon immer über sie berichten wollte. Das ist der einzige Punkt, in dem ich mich nicht von anderen professionellen Reiseschriftstellern unterscheiden möchte! Ansonsten setzt dieser Text andere Schwerpunkte: Es sind Reise-Feuilletons. Wer das Anekdotische liebt, um sich eine historische Anlage, ein altes Gebäude oder eine Parklandschaft lebendig und damit nacherlebbar werden zu lassen, dem möchte ich mit diesem Text helfen. Haben Sie keine Berührungsängste vor den großen, weitläufigen Anlagen der preußischen Prinzen und Könige. Der Schlüssel zum Verständnis der Historie und ihrer Kunst ist wie meistens im Menschlichen, Allzumenschlichen zu finden. Auch Prinzen und Könige waren nur Menschen. Und entgegen anders lautender Behauptungen - selbst die aus Preußen. Es gibt also keine komplizierten ästhetischen Rätsel zu knacken. Nur Mut - und, ganz wichtig, alles selber einmal ansehen. Dieses Buch soll den Lesern die Scheu vor den bedeutenden Persönlichkeiten, die Aussehen und Denken dieser Region geprägt haben, nehmen. Das Wirken von Friedrich II., Prinz Heinrich, Theodor Fontane, Karl Friedrich Schinkel oder Kurt Tucholsky uns Heutigen näher bringen.
Einen Rat für jene, die das gesamte, in dem vorliegenden Buch vorgestellte Gebiet, in einem Zug, sprich, an einem Stück, bereisen wollen: meine, sonst allem Neuen äußerst aufgeschlossene Gefährtin und Reisebegleiterin konnte nach einigen Tagen keine Seen mehr seh'n. Ihr ging es wie Andrew Hamilton: „In einem Lande, wo der Reisende an jedem Tage zwanzig neue Seen zu Gesicht bekommt, unterlässt er es sehr bald, sich mit jedem in aller Form bekannt zu machen." Dieser Hamilton taucht hin und wieder in meinem Text auf, ohne dass näher auf seine Persönlichkeit eingegangen wird. Das ist auch leider nicht möglich, denn außer dem Namen und dem 1880 in London bei John Murry erschienenen Buch „Rheinsberg: Memorials of Frederick the Great and Prince Henry of Prussia" ist über den Mann absolut nichts bekannt. Wahrscheinlich ist der Name ein Pseudonym und der Mann war vermutlich kein Engländer. Fontane war unter anderem ein Korrespondent in London - was die Texte beider amüsant, unterhaltsam und informativ macht. Apropos andere Autoren: Es war mir eine ganz besondere Freude, während der Recherchen zu diesem Reiseführer noch einmal tief einzutauchen, in die wunderbar elegische Fontane-Welt des „Stechlins", zu naschen von dem Tucholsky-Bonbon für Verliebte, sich erschüttern zu lassen von den lyrischen Attacken eines Erich Ahrendt und schließlich wieder die Texte des Erzähler-Philosophen vom Schulzenhof zu lesen, die auch heute noch gültig, das Leben als solches und nicht nur in der Natur am Hintergründigsten durchleuchten. Wenn Sie durch die Ruppiner Landschaft zu Fuß, per Automobil, mit dem Rad oder auf dem Schiff durchstreifen, sollte unbedingt (mindestens) eines dieser Bücher auch (wieder) in ihrem Reisegepäck liegen. Mein Text ist darüber hinaus auch eine Liebeserklärung. Zwar ist das **Ruppiner Land** sicherlich nicht einfach, aber umso liebenswerter.

Bleiben Sie neugierig – Ihr Jo Lüdemann

Zur geologischen Entwicklung

Die Landschaft, die heute wegen ihrer Seen, sanften Hügelketten, der Heide und ihrer Wälder so geliebt wird, verdankt ihr Entstehen der Eiszeit. Wie die gesamte mitteleuropäische Tieflandsebene war auch das Ruppiner Gebiet zu dieser Zeit von einer mehrere hundert Meter starken Eisschicht bedeckt. Die Hügel, Täler, Moore und Flüsse sind entstanden, nachdem sich in den vergangenen 500.000 Jahren dreimal Kalt- und Eiszeiten ablösten und die Gletscher ihre Eismassen immer weiter in Richtung Mittelgebirge bewegten. Entscheidenden Einfluss auf die geologische Entwicklung unserer Region hatte die nach ihrem Wanderungsendpunkt benannte Weichselkaltzeit.

Seen, sanfte Hügelketten und Wälder sorgen für den Wohlfühlfaktor.

Die in und vor den Gletschern transportierten ungeheuren Gesteins- und Geröllmassen blieben nach dem Abschmelzen des Eises liegen – und bilden heute die ältesten Oberflächenschichten der Ruppiner Landschaft. Diese, von den Wissenschaftlern als Grundmoränen bezeichneten Formationen, sind z. B. in den sanft gewellten Hügeln um **Lindow** zu finden. Während die weicheren Sedimente von den sich nach Norden zurückziehenden Eismassen zu feinem Sand zerquetscht wurden, der heute den fruchtbarsten Teil des Bodens ausmacht, blieben grö-

Luftaufnahme der Insel Werder im Gudelacksee bei Lindow

ßere Steine, aus festeren Materialien nur grob zerkleinert, in der Landschaft liegen - und werden heute als Findlinge bezeichnet. In den Phasen, in denen sich das Eis über Jahrhunderte nicht weiter zurückzog, entstanden später die als Endmoränen bezeichneten Schuttmassen nicht zerriebenen Gesteins. Diese heute als bogenförmige, leicht geschwungene Hügelketten auszumachenden Landschaftsbilder, sind am besten in der Gegend um **Rheinsberg** (Hügelkette von Gransee, Fürstenberg, Rheinsberg) zu erkennen. Eine weitere Endmoräne verläuft westlich des Rhins von Zechow über Zühlen nach **Flecken Zechlin**. Der südwestlich von Rheinsberg gelegene Krähenberg (118 m über Meeresspiegel) bildet den höchsten Punkt dieses glazialen Bergrückens. Der gesamte Endmoränenwall wird von einem 105 Kilometer langen Schmelzwassertal durchschnitten - dem Rhin. Die hinter dieser Endmoräne befindliche Gletscherzunge, eine halbkreisförmige Vertiefung, die während der Gletscherbewegungen entstand, wird wissenschaftlich-nüchtern als Rheinsberger Zungenbecken bezeichnet. Ein Name, der so gar nicht zum idyllischen Charakter der so gerne besuchten Gegend passen will, finden wir hier doch, z. B. den Großen Linowsee, den Dolgowsee - kurz, die gesamte Ruppiner Schweiz. Die Materialien der immer wieder zitierten „Streusandbüchse" stammen ebenfalls aus der Weichselkaltzeit. Beim

Abschmelzen des Eises entstanden vor den Endmoränen große Sand- und Kieselflächen, die sogenannten Sander. Die mit dem Ende der Kaltzeit einsetzenden Stürme fegten aus diesen ehemals breiten Flächen hohe Dünen zusammen, auf denen später unsere lauschigen Kiefern- und Mischwälder prächtig gediehen. Die in diesen Wäldern entstandenen kleineren Seen verlandeten mit der Zeit, wurden von Erlenbruchwäldchen umgeben und geben die Kulisse zu den wunderbar verwunschenen Mooren der Region.

Die letzte Eiszeit hinterließ unzählige Seen, Teiche und Tümpel, umsäumt von feuchtigkeitsliebenden Pflanzen.

Über Fauna und Flora

Die Ruppiner Landschaft eine „Streusandbüchse"? Nichts könnte falscher sein! Allein die fast 100 Seen machen diese märkische Region zu einer der wasserreichsten Brandenburgs – zum Schleusentor nach Mecklenburg. Ebenso vielfältig wie die unterschiedlichen Formen der **Seenketten** und runden, ovalen, gekrümmten, klaren, tiefen, stillen und versteckten Wasserflächen, ist auch das Leben der Pflanzen und Tiere an und über deren Ufern bzw. in den Fluten.

Die kleineren Gewässer werden häufig von den meistens unter Naturschutz stehenden Erlenbruchwäldern umgeben. An größeren Seen und an Feldern finden sich Weißbuchen, Sand- und Moorbirken, Linden, Ahornarten, Espen, Robinien, Ebereschen und Weißdorne. Unter den Baumkronen, auf dem Waldboden: Bärlappe, viele verschiedene Moose, Flechten und Farne, aber auch Blaubeeren.

Fruchtbare Niederungen gehen in flache Heidelandschaften über, die wiederum von großen zusammenhängenden Kiefern- und Buchenwäldern abgelöst werden. In diese malerische Landschaft ist eine Vielzahl von ökologisch intakten Klarwasserseen eingebettet.

An den mitunter noch völlig unberührten Moorweihern le-

Schwarzstörche sind seltene, scheue Bewohner des Naturparks. Diese wurden im Tierpark Kunsterspring aufgenommen.

ben seltene Libellenarten wie die Zwerglibelle und die Mosaik- und Moosjungfer. Im Frühjahr kann man das Laichtreiben der blauen Moorfrösche in den dunklen Tümpeln beobachten. Später im Jahr blühen an den Moorufern dann Sonnentau mit Wollgras, Blasensimse und Orchidee (Malaxix paludosa). Hoch über allen brüten Hohltaube, diverse Spechtarten, Zwergschnapper, Schellente, Waldschnepfe, Mauersegler und Kernbeißer. Außerhalb der Wälder, an den Ufern eines der über hundert Seen, brüten dann Kranich, See- und Fischadler. Mehr als ein Fünftel der deutschlandweiten Population der Fischadler soll am Ruppiner Himmel kreisen.

Eigentlich ganz einfach: Anlauf nehmen, abstoßen und losfliegen

Spaziergänger, die dem Binenbach folgen und mehr an der Natur als an der Sabinensage interessiert sind, können hier Eisvögel, Gebirgsstelzen, Wasseramseln oder sogar Schwarzstörche beobachten. In den Gewässern tummelt sich die gesamte einschlägig bekannte Süßwasser-Kiemen-Tier-Familie. Außerdem steht im **Stechlinsee** der Hecht und hier ist auch eine (wohlschmeckende) Besonderheit anzutreffen: die Maräne (nicht zu verwechseln mit der Muräne!). Zum Schutz dieses Tier- und Pflanzenparadieses wurde der „Naturpark Stechlin – Ruppiner Land“, bestehend aus den beiden Schutzgebieten „Fürstenberger Wald und Seengebiet“ sowie dem „Ruppiner Wald und Seengebiet“ gegründet. Zu drei Vierteln besteht dieses Gebiet aus Wäldern und Seen. Mit einer Fläche von

Das Tagpfauenauge gehört zu den Edelfaltern, liebt Brennnesseln und ist in Parks, Gärten und lichten Wäldern anzutreffen.

80.000 Hektar gehört der Naturpark zwar nicht zu den größten Deutschlands, hat aber eine Ausdehnung, die dem Stadtgebiet der Hauptstadt entspricht.

In dem **Naturschutzgebiet** sollten natürlich die ausgezeichneten Wege nicht verlassen werden, Lärm zu veranstalten ist ebenso untersagt, wie in einigen Regionen auch das Pilzesammeln. Ins Wasser springen sollte der Besucher auch nur an den dafür vorgesehenen Badestellen. In den trüben, nährstoffreichen Waldseen macht das sowieso keinen Spaß - ansonsten wird die Einhaltung der NSG-Regeln durchaus überwacht. Ein weiteres NSG bildet die Region um den Wumm- und Twernsee. Die bis zu 35 Meter tiefen und 15 bis 20 Meter tief in die typische Endmoränenlandschaft eingesunkenen Seen stellen eine Besonderheit der letzten Eiszeit dar. Während der Große Wummsee das größte oberirdische zu- und abflusslose Gewässer der gesamten Ruppiner Landschaft darstellt, befindet sich der Kleine Wummsee im Zustand der allmählichen Verlandung. Der Twernsee gilt als die Quelle des Rhin und steht bereits seit 1967 unter besonderem Naturschutz.

Weit verbreitet und gern gesehen – die Seerose.

Zur Geschichte

Wer fährt nach **Rheinsberg** und in die Neuruppiner Landschaft – und warum? Was macht diese Landschaft so interessant? Zum Ersten ist es doch wohl die Historie, die diese Region so bemerkenswert macht; die Geschichte und ihre Zeitzeugen. Wer in die Vergangenheit des Ruppiner Landes eintaucht, wird schnell bemerken, dass diese Gegend eine typische märkische Region ist. Geographisch zwischen der Prignitz im Westen, der Uckermark und dem Barnim im Osten, dem Havelland im Süden und dem Mecklenburgischen im Norden gelegen, bestimmten die Nachbarn die Entwicklung des Ruppiner Landes ebenso, wie sich die Mentalitäten der Ruppiner mit denen der fast 1.000 angesiedelten Hugenotten, Holländern und eidgenössischen Schweizern mischten.

Die Dorfkirche in Langen

In der Grafschaft Ruppin existierten seit dem frühen Mittelalter sieben Städte: Neuruppin, Alt Ruppin, Rheinsberg, Lindow, Gransee, Wusterhausen (Dosse), Neustadt (Dosse), zu denen später noch Fürstenberg/ Havel, Zehdernick, Liebenwalde und Oranienburg hinzukamen. In diesem Buch werden die vier

Erstgenannten vorgestellt und auf deren Geschichte und der sie umgebenden Region soll hier detaillierter eingegangen werden.

Das Ruppiner Land war bereits in der Ur- und Frühgeschichte besiedelt. In der Umgebung des Rheinsberger Schlosses fanden sich zahlreiche Spuren, die eine spätere slawische Besiedlung beweisen und darauf schließen lassen, dass Rheinsberg und Alt Ruppin die geopolitischen Zentren des Landes bildeten. Anfang des 13. Jahrhunderts wurden erste deutsche Befestigungen gebaut - vermutlich nachdem entsprechende slawische Vorgängerbauten des Stammes der Zamcici zerstört waren, die auf der Alt Ruppin vorgelagerten Insel Poggenwerder ihre Fürstenburg errichtet hatten. Da schriftliche Aufzeichnungen aus dieser Zeit fehlen, gilt nur Folgendes als wissenschaftlich gesichert: in einer zweiten Phase der Ostexpansion gelangte Graf Gebhard I. von Arnstein in den Besitz des Landes und wurde der erste deutsche Herrscher.

König Friedrich II. (Friedrich der Große) auf Inspektionsreise

Nach weiteren, europaweiten Kriegszügen für seinen Herrn, Kaiser Friedrich II., ließ sich der Graf im Jahre 1240 auf seiner erstmals 1238 als „Rapin", 1256 als „Olden Ruppyn" beurkundete auf Burg Alt Ruppin, der heute Amtswerder genannten Halbinsel, nieder. In den folgenden Jahrhunderten wurde die Grafschaft stetig erweitert (siehe oben die Städte). Existiert für

(Alt)Ruppin eine Urkunde aus dem Jahre 1256, wird Rheinsberg in einem Dokument erst 1335 erwähnt und als Rynesperg geschrieben. „Ryn“ war dabei die Bezeichnung für den heute noch fließende Rhin – (franz.) für Fluss, Bach oder Wasserlauf. Die Grafen von Ruppin und Lindow waren zu dieser Zeit die Herrscher über die Ruppiner Landschaft. Erstaunlich ist lediglich, dass es nie eine Verleihung der Grafschaft Ruppin und somit auch keinen Grafentitel gegeben hat. Die Adligen, die Mitte des 12. Jahrhunderts aus dem Thüringischen und Anhaltinischen stammten, haben sich den Titel sozusagen ersessen – also durch Gewohnheitsrecht erworben: „Da sie zu Ruppin Hof hielten, gewöhnte sich das Volk daran, sie die Grafen von Ruppin zu nennen“, heißt es bei einem Chronisten. Die Herrschaft Ruppin behauptete ihre Eigenständigkeit gegenüber dem Markgrafen von Brandenburg bis 1524. Die Grafen waren danach zwar immer Vasallen des Kurfürsten von Brandenburg, was sie aber nicht davon abhielt, gegen diesen auch mit Waffengewalt vorzugehen bzw. Bündnisse mit dessen Gegnern einzugehen. „Allein vom ersten bis zum letzten ihres Stammes haben sie sich als hochgemutes, feingeistiges Geschlecht erwiesen, das die schönen Künste pflegte und weit hinausragte über die meisten seiner Standesgenossen in der Mark“ – schreibt ein englischer Historiker. Beweise dafür bleibt der Brite allerdings seinen Lesern schuldig. Der letzte von ihnen, Wichmann, war, so die gleiche Quelle, „ein stattlicher junger Herr von siebzehn Jahren und trug im Jahre 1521 auf dem Reichstag zu Worms bei der Investitur Joachims von Brandenburg durch Karl V. diesem den Kurhut vor“. Kaum drei Jahre später, am 28. Februar 1524, starb der junge Herr an der Folgen einer Lungenentzündung: „Schild und Helm wurden ihm der Sitte gemäß mit in die Gruft gegeben, denn mit ihm starb der letzte der Dynastie von Lindow.“ Der Kurfürst von Brandenburg zog nun das verfallene Lehen ein. „Bis zum heutigen Tage führen die Könige von Preußen bzw. der deutsche Kaiser unter zahlreichen Titeln auch den – freilich nicht ganz korrekten – eines Grafen von Ruppin. Friedrich der Große und Friedrich Wilhelm III. pflegten auf ihren (inkognito) Reisen bisweilen von demselben Gebrauch zu machen.“ mokierte sich ein Historiker Ende des 19. Jahrhunderts.

Im Mittelalter waren sowohl Rheinsberg als auch Ruppin stark befestigte Städte. Im Landbuch Kaiser Karl IV. findet man sie neben sechs anderen festen Plätzen im Lindower Gebiet. Es existieren auch alte Drucke, auf denen Wachtürme und Ringwälle zu erkennen sind, hinter die sich die Bevölkerung flüchtete, wenn die Soldaten aus dem Mecklenburgischen anrückten. Bis 1618 blieben die von Bredows im Besitz des Landes, bis sie **Schloss Rheinsberg** dem Kurfürsten zum Kauf anboten. „Schlechte Wirtschaft und Verschwendung", so vermutet ein Chronist, hätten wohl zu der Entscheidung geführt, den maroden Besitz abzustoßen. Die Kaufverhandlungen zogen sich aber derart in die Länge (fast 85 Jahre hatte man verhandelt!), dass der Fürst sein Interesse verlor und der Besitz schließlich an die von Lochows überging. Diese hatten an ihrer Kaufentscheidung allerdings wenig Freude – zumal der Dreißigjährige Krieg auch über diese Region hereinbrach. Egal ob Sachsen, Dänen, Schweden, Brandenburger, ob unter Tilly, Wallenstein, Gallas oder Baner – die Soldateska wütete unter welchem General auch immer. „Einmal", so heißt es aus einer zeitgenössischen Quelle, „flüchtete sich beim Nahen des Feindes der Geistliche mit dem Reste der Bewohner auf die Remusinsel (heute noch existierende Insel im Rheinsberger See – d. A.), und dort wurden alle niedergemetzelt." Am Ende des Schlachtens existierten in der gesamten Grafschaft noch vier Dörfer – alle Städte waren zerstört. Im Jahre 1675 wurde Rheinsberg noch einmal bis auf sieben Häuser ein Raub der Flammen – und wieder flüchteten die Einwohner auf die Insel. Schließlich starb das Geschlecht deren von Lochow 1685 aus – und der Große Kurfürst gab das Lehen an

Ein Geschenk des Vaters an Kronprinz Friedrich – Schloss Rheinsberg

den General Du Mamel. Schließlich lernte **Kronzprinz Friedrich**, der später als der Große in die Geschichte eingehen sollte, während seiner Militärzeit in Neuruppin die Familie der Bevilles kennen, denen damals das Wasserschlösschen gehörte.

Als Versöhnungsgeschenk erbat er sich das Anwesen von seinem Vater. Der Soldatenkönig zeigte sich ganz gegen seine sonstige Neigung gewogen und spendabel. Sobald der Kauf perfekt war, wurde das Generaldirektorium beauftragt, aus Rheinsberg ein Schmuckkästchen zu machen. Der Kurfürst spendierte jährlich 500 Taler, von denen die Straßen gepflastert, die Häuser mit Ziegeln gedeckt und die Fassaden renoviert wurden. Durch die Vergabe von Privilegien wurde die Ansiedlung von Handwerkern und Kaufleuten unterstützt. Auch wurden die Bewohner von allen Frondiensten befreit. Nachdem die komplette Stadt dann noch einmal 1740 ein Opfer der Flammen und wieder aufgebaut wurde, kehrte für die kommenden Jahrhunderte Ruhe ein. Im nahen **Neuruppin** gab es eine ähnliche Entwicklung. Nach dem Dreißigjährigen Krieg und der anschließenden Pest waren von einst 623 Häusern nur noch knapp 100 bewohnt. Erst nach 1643 normalisierte sich das Leben langsam wieder. Die Stadt wurde ab 1688 zur Garnison und zwei Jahre später wurden die ersten Kasernen gebaut. Der große Brand von 1787 machte dem Ganzen wieder ein Ende – allerdings entstand bis 1794 das frühklassizistische Architekturensemble, welches die Touristen heute so bewundern. Mit Beginn des 19. Jahrhunderts entwickelte sich in den Ruppiner Städten eine bescheidene Industrie. Vorwiegend wurden hier Tuche und Keramiken hergestellt, die Landwirtschaft diente der Eigenversorgung und eines bescheidenen Exportes nach Berlin (Obst, Gemüse, Fleisch und Bier). Große Teile der heute längst wieder nachgewachsenen Wälder wurden abgeholzt, um als Baumaterialien für Berlin und Potsdam verwendet zu werden. Ein nicht unerheblicher Baumbestand wurde aber auch gleich an Ort und Stelle verfeuert, um die nötigen Brennstoffe für die Glashüttenindustrie herzustellen. In Neuruppin wurden mehrere Druckereien gegründet, welche die bekannten **Neuruppiner Bilderbogen** herstellten und vertrieben. Einen spürbaren wirtschaftlichen Aufschwung brachte der Tourismus, der zum Ende des 19. Jahrhunderts und Anfang des 20. Jahrhunderts mit den Reisebeschreibungen von Autoren wie Theodor Fontane, Andrew Hamilton oder Kurt Tucholsky ausgelöst bzw. begleitet wurde. Einen wichtigen Beitrag leistete der Bau der Eisenbahn, mit welcher die Region Anschluss nach Berlin erfuhr. Mit der keramischen Industrie, die bereits 1762 als Manufaktur ihren Anfang nahm und später mit dem Bau des Kernkraftwerks 1966 erfuhr die wirtschaftliche Entwicklung einen Aufschwung. Bis zur Wende arbeiteten 3500 Beschäftigte im Neuruppiner VEB Elektrophysikalische Werke und stellten u.a. Leiterplatten für Radios und Fernsehgeräte her.

Der Tourismus wurde zur Haupteinnahmequelle - auch wenn das gastronomische Niveau natürlich der Zeit, den Gegebenheiten und dem allgemeinen Materialmangel angemessen war.
Das erste Kernkraftwerk der DDR wurde wegen seiner günstigen geographischen Lage zwischen dem Nehmitzsee und dem Großen Stechlinsee, die nicht mit weiteren Gewässern verbunden waren, gebaut. Es ging 1960 in Betrieb und wurde 1990 stillgelegt. Heute gehört die Ruppiner Landschaft zum Bundesland Brandenburg. In den vergangenen Jahren wurden enorme Anstrengungen unternommen, um die historischen Zeitzeugen zu erhalten bzw. zu restaurieren. Wie z. B. in Neuruppin wurden gesamte Innenstädte komplett nach den ursprünglichen Plänen saniert, Schlösser wie Rheinsberg zu kulturellen Meilensteinen der deutschen Geschichte, aber auch kleine, auf den ersten Blick unscheinbare, erstrahlen wieder im alten Glanz und werden kulturell in hervorragender Weise genutzt.

Theodor Fontanes Reisebeschreibungen motivieren immer noch, sich die Gegend anzuschauen.

Das Rheinsberger Seengebiet

Das Land der Rheinsberger Seen ist Teil des Naturparks „Stechlin-Ruppiner Land“ und bietet seinen Besuchern eine fast unübersehbare Zahl von Kanälen, Seen und Flüssen. Die idyllischen Buchen- und Kiefernwälder, durchzogen von sanft geschwungenen Hügeln und Tälern, die bis zum Horizont reichenden Sand- und Heideflächen und malerische Dörfer – all das macht den unverdorbenen und naturbelassenen Reiz der Rheinsberger Seen aus. Die Region bietet unvergleichlich schöne **Wasserwege**, die man unbedingt in die jeweilige Besuchsplanung einbeziehen sollte. Die Möglichkeiten, auf den großen und kleinen Seen, den Flüssen und Kanälen den nördlichen Teil des Ruppiner Landes zu erkunden sind ebenso unerschöpflich wie interessant. Die einfachste Art, diesen Landschaftsteil kennen zu lernen, ist die Fahrt mit einem der größeren Fahrgastschiffe. Aber auch auf dem eignen Kiel ist die Fahrt durch die großartige Seenlandschaft nicht besonders umständlich zu organisieren. Das Gebiet ist hervorragend geeignet für **Fahrten** mit **Kajaks** und **Kanus**, aber auch für **Motorboote** oder **Segeljollen** bzw. **Yachten** bis 24 Fuß. Wer mit größeren Schiffen unterwegs sein möchte, sollte allerdings daran denken, dass es einige Schleusen zu überwinden gilt. Touristen können selbstverständlich Boote und Schiffe aller Antriebsarten und Größen an vielen Orten der Gegend ausleihen. Bis zu einer bestimmten PS-Zahl kann man auch ohne Führerschein ausleihen. Allerdings sollte man besonders in der Hochsaison daran denken, mittlere und größere Yachten vorzubestellen. Gerade Hausboote sind sehr beliebt, so dass es trotz großer Flotten zu Engpässen kommen kann. Außerdem sollten unbedingt die Ausleihkonditionen nachgefragt werden, da diese von Firma zu Firma sehr stark divergieren können. Unmittelbar vor den Toren Rheinsbergs entstand das **„Hafendorf Rheinsberg“**.

Hafendorf Rheinsberg im Abendlicht

Kleinzerlang und die Marina Wolfsbruch

Dorfkirche von Kleinzerlang

Ankommen und wohlfühlen! Südlich der Mecklenburgischen Seenplatte gibt es viel zu entdecken, Spaß und Erholung für die ganze Familie. Die Gegend um Rheinsberg ist der

Spritzenhaus in Kleinzerlang

malerischste Teil dieser urwüchsigen Landschaft. Der staatlich anerkannte Erholungsort entstand als Kolonistendorf zwischen 1751 und 1752 mit allerhöchster Einwilligung Friedrichs II., nachdem das Gebiet jahrelang wüst lag.

Die **Schleuse Wolfsbruch** wurde in fünfjähriger Bauzeit bis 1881 gebaut, um den Holzreichtum zu vermarkten. Sie verbindet den Großen Prebelowsee mit dem Kleinen Pälitzsee und gleicht je nach Jahreszeit und Wasserstand eine Wasserhöhe von 40 bis 60 cm aus. Damit hatten die Binnenschiffer ihre Verbindung zwischen den Rheinsberger Seen und der Müritz-Havel-Wasserstraße. Die in der Ortsmitte befindliche Kirche stammt von 1896. Heute wird der noch immer sehr beschauliche Ort von der 1996–98 gebauten „Marina Wolfsbruch" bestimmt. Das Precise Resort ist eine familienfreundlich gestaltete Anlage mit Hotel und Apartments. Das Herzstück der Anlage ist der Yachthafen, um welchen sich alle Gebäude der Anlage formieren. Hier findet man eine Auswahl erstklassiger Restaurants sowie die Erlebniswelt „Kaskaden" mit Wellness- und Spa. Auch bei den kleinen Gästen lässt das Resort mit dem Kids Club „Arche Noah", dem Indoor-Spielplatz „Galion" und dem „Cyber Café" keine Wünsche offen.

Ansicht Marina Wolfsbruch

Kinderland Prebelow

Schöne Ferien im Kinderland Prebelow

Prebelow liegt am Hüttenkanal unterhalb der Schleuse Wolfsbruch - direkt am Prebelowsee. Von hier aus kann man ganz bequem mit einem Fahrgastschiff die Gegend (des gesamten vorliegenden Reiseführers) erkunden. Hinzu kommt aber noch eine ganz besondere **Ferieneinrichtung**, die es im gesamten Rheinsberger/Neuruppiner Gebiet so nur hier gibt: Das **Kinderland Prebelow**. Aus einem früheren betriebseigenen Ferienlager wurde 1992 das Prebelower Kinderland e. V. Hier können die verschiedensten Jugendgruppen zu den unterschiedlichsten Anlässen (von Trainingslager, Kindergarten-Ausflügen bis zu Rüstfahrten) für wenig Geld modern, aber einfach eingerichtete Bungalows und Häuser mieten. Neben großzügigen Spiel- und Sportanlagen gibt es Grillplätze, eine Disco und natürlich einen wunderschönen Strand.

Ebenfalls auf jugendliche und junggebliebene Gäste ist die **Jugendherberge** in Prebelow eingerichtet. Sie verfügt unter anderem über Fasshäuschen und ist Anbieter von Bett+Kanu.

Zechliner Land: Zechlinerhütte

Der Blick auf die Karte zeigt eine ländliche Gegend mit viel Wasser und einigen kleinen, verträumten Dörfern. Es sind nicht ganz zehn Kilometer bis zur brandenburgischen Residenzstadt **Rheinsberg** und trotzdem ist der Besucher des Zechliner Ländchens mitten in der Natur und gleich von einem halben Dutzend Seen umgeben. Soviel Heimat, Wald, Wiese und Wasser erfordert wohl auch viele Zechlins – denn es gibt deren gleich drei. Der Name **Zechlin** reicht in das 12. Jahrhundert zurück und damit in die Zeit der slawischen Besiedlung. Die näheren Bezeichnungen wie Flecken, Dorf und Hütte erleichtern die Orientierung.

Zechlinerhütte ist das östlichste Zechlin und liegt gleich an fünf Seen. In Verbindung mit einem ausreichenden Holzbestand war es der ideale Ansiedlungspunkt für eine **Glashütte**. Ab 1737 wurden hier auf Befehl Friedrich Wilhelm I. kunstvolle Gläser hergestellt (im Gegensatz zum simplen Neuglobsower Grünglas). Der Soldatenkönig wollte von den österreichisch-böhmischen Importen unabhängig werden – schließlich war ja bereits der Krieg gegen die Habsburger geplant. Damit sich Zechlinerhütte gut entwickeln und entsprechend ausgebildete Fachkräfte auch bezahlen konnte, erhielt die Hütte das Verkaufsmonopol auf farbige, vergoldete und Kristallgläser im preußischen Land. Nach über einhundert Jahren wurde die Produktion auf Glaskolben und Zylinder für die chemische Industrie umgestellt, bis sie dann 1890 endgültig unrentabel wurde. Gläser von hier sind in Potsdam Sanssouci und im Märkischen Museum zu Berlin ausgestellt.

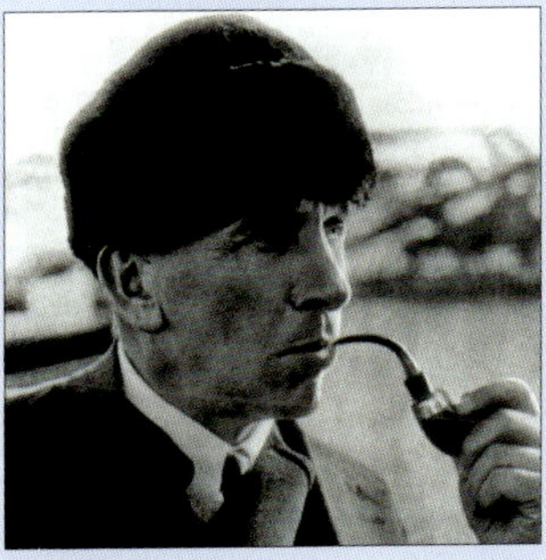

Der Wissenschaftler Alfred Wegener

Alfred Wegener Museum

Als der Altphilologe und Familienvater Richard Wegener 1886 das Direktorenhaus der alten Glashütte in Zechlinerhütte zum Feriendomizil erkor, konnte keiner ahnen, dass zwei seiner Söhne eine Karriere als Polar- und Geowissenschaftler einschlagen werden. Alfred Wegener (1880–1930) studierte zunächst Astronomie und Meteorologie. Er gilt als der universalste Geowissenschaftler seit Alexander von Humboldt. In den Räumen in der Rheinsberger Straße sind Familienfotos zu sehen, vom legendären Max Planck unterschriebene Studienbücher und Forschungsgeräte. Der Ballonkorb, in dem Alfred Wegener mit seinem Bruder Kurt den Weltrekorddauerflug aufstellte, wird hier gezeigt. Seinen Tod fand der Grönlandforscher bei seiner Expedition 1930 auf grönländischem Inlandeis. In der modernen Wissenschaft gilt Alfred Wegener als Vater der Idee von den Kontinentaldriften. Diese, heute anerkannte, Theorie der Plattentektonik geht von der Annahme aus, dass die Erdkruste aus Schollen besteht, die ständig in Bewegung sind.

Flecken Zechlin und der Schwarze See

Als **Flecken Zechlin** noch zur Prignitz gehörte und es eine Postwagenverbindung nach Rheinsberg gab, besuchte der englische Reisende Andrew Hamilton den Ort am See: „Es ist ein enger, überdachter Wagen von hohem Alter, der nur drei Passagiere aufnehmen kann, von denen die Mehrzahl im Inneren des Wagens untergebracht wird, der Rest aber auf der Hälfte eines schmalen und unbequemen Sitzbrettes neben dem Kutscher", beschreibt er die Reise, die wohl selbst für damalige Verhältnisse wenig komfortabel war. Nach der Fahrt durch den Boberower Forst und der Rhinüberschreitung, „passierten wir die beiden Dörfer Kagar und Zechlin, bis wir zuletzt in Sicht des kleinen Dorfes Flecken Zechlin gelangten, das mit seinen beiden Seen und seinen Ruinen in einer tiefen Senke zu unserer Rechten zwischen dichten Gruppen prächtiger alter Bäume eingebettet liegt". Ruinen? Was man heute kaum zu glauben vermag, ist eine historische Tatsache. Hier residierten einst die Kur- und Erbprinzen Preußens!

Am Ufer des **Schwarzen Sees** wurde im 13. Jahrhundert von Zisterziensermönchen aus Doberan ein Kloster gegründet. Ein wendischer Fürst hatte im Jahre 1237 dem Doberaner Kloster diese nicht ganz freiwillige Schenkung von fünfzig Hufen Land vermacht und die frommen Väter waren mit ihrem ackerbäuerischen Sinn alsbald daran gegangen das Land urbar zu machen. Um 1250 ist der Klosterbau beendet worden, um fünfzig Jahre später an Heinrich von Mecklenburg-Stargard verkauft zu werden, der wiederum das sakrale Gebäude zu einer festen Burg ausbauen ließ. Im Jahre 1320 kaufte der Bischof von Havelberg den Besitz und ließ ihn zu seiner Sommerresidenz umgestalten. Mehr als zwei Jahrhunderte nutzten die Bischöfe (deren eigentliche Residenz sich im nicht weit entfernten Wittstock befand) die Burg Zechlin, bis während der Reformation auch dieses Eigentum säkularisiert wurde. Dann übernahmen die Hohenzollern das Hausrecht. Unter Kurfürst Johann Sigismund hatte Zechlin seine besten Tage erlebt. Die alte Burg wurde zu einer schicken Schlossanlage mit einem Lustgarten umgebaut. Der letzte der Hohenzollern, der hier lebte, war der 1640 verstorbene Markgraf Sigismund – einer der zweiundzwanzig Kinder Johann Georgs. Nach dem das Schloss sich sogar im Dreißigjährigen Krieg gegen einige Angriffe behaupten konnte, brannte es 1721 „anscheinend infolge eines Zufalls" nieder. Auf den alten Fundamenten, von denen man im 20. Jahrhundert noch Teile in einer Baugrube fand, wurde auf Befehl Friedrich Wilhelm I. ein zweigeschossiges, neunachsiges Herrenhaus mit Walmdach gebaut. König Friedrich Wilhelm III. und seine älteste Tochter genossen hier 1817 für mehrere Wochen die Sommerfrische – Prinzessin Charlotte verabschiedete sich hier von ihrer Verwandtschaft, war sie doch auf den Weg, Zarin von Russland zu werden. Die Bewohner der Zechliner Landschaft haben sicherlich gut von den Besuchern und den ständigen Gästen gelebt – anders als die bitterarme Bevölkerung jenseits der mecklenburgischen Grenze. Bis ins

Dorfansicht auf Flecken Zechlin

19. Jahrhundert konnte man sich auch noch mit dem Schmuggel von Alkohol und Stoffen (Tuch) einen guten Nebenverdienst sichern. In dem alten Herrenhaus wurde eine Schule eingerichtet. Nach langem Leerstand wird es derzeit saniert und soll zukünftig eine Begegnungsstätte mit Café beherbergen.

Der staatlich anerkannte Erholungsort gehört verwaltungstechnisch inzwischen zur Stadt Rheinsberg. Zur geistigen Erbauung kann die schlichte **klassizistische Kirche** von 1775 besichtigt werden. In der Kirche sind eine Ausstellung zum Architektur- und Vedutenmaler Eduard Gaertner (1801-1877) und jährlich wechselnde Ausstellungen zum Ort zu sehen. Gaertner malte fotografisch genau, unter anderem zweimal das Panorama von der Friedrichswerderschen Kirche in Berlin - einmal für Friedrich Wilhelm III. und für seine Tochter Charlotte, die Zarin Alexandra (1798–1860). Gaertner verbrachte seinen Lebensabend im Fachwerkhaus am Markt, der von einer über 200-jährigen Eiche dominiert wird. Es gibt unterhalb des Herrenhauses einen **Anleger für Fahrgastschiffe**, die Möglichkeit, Ruderboote auszuleihen und für Skipper auf eigenem Kiel einen komfortablen Anlegeplatz. Die örtliche Gastronomie ist ebenfalls zu empfehlen.

Blick auf den Schwarzen See

Dorf Zechlin

Das Mühlenmuseum in Dorf Zechlin

Das Dorf Zechlin nimmt die weit zurück reichende Geschichte seiner Heimat sehr ernst. Ein Handwerker war sich dieser bewusst. Der letzte Müller, Willy Krüger, hat seine Getreidemühle, die bis 1989 ihren Dienst versah, vier Jahre später in ein **Mühlenmuseum** umgewandelt. Hier wird über die Historie dieser Handwerkstradition, die sich am Ort bis Anfang des 14. Jahrhunderts nachweisen lässt, informiert. Das Dorf Zechlin, unweit des Braminsees gelegen, wurde erstmals 1249 urkundlich erwähnt und Mühlen waren es auch, die das Antlitz des Dorfes bestimmten: Klostermühle, Brett-Schneidemühle, Sägemühle, Windmühle und schließlich auch eine Wassergetreidemühle standen rechts und links des Straßendörfchens.

Als Attraktion des Museums gilt der Aufzug von 1898, der noch heute Säcke und Müller(!) hebt – zur Freude aller Mühlenfans, die zumindest am jährlich stattfindenden Deutschen Mühlentag, am Pfingstmontag, hierher pilgern.

Ebenfalls bemerkenswert ist die **Kirche** des Dorfes. Der spätgotische Feld- und Backsteinbau mit seiner barocken Innenausstattung stammt vermutlich aus dem Jahre 1549. Am Pfarrhaus weist eine Gedenktafel auf den Schriftsteller und Arzt Hans Much (1880–1932) hin, der in diesem Haus geboren wurde.

AUSFLUGSEMPFEHLUNGEN

- Auto: Residenzstädte Mirow und Neustrelitz (Schlossgarten, Historischer Stadtkern, Slawendorf, Theater, Tierpark)
- Fahrrad: Rheinsberg (Schloss und Park); Diemitz, Diemitzer Schleuse
- Fuß: Rund um den Braminsee, den Großen Zechliner See, den Klarwassersee Großer Wummsee

Linow und Warenthin

Fachwerkkirchlein in Linow

Wenige Kilometer vor bzw. hinter – auf jeden Fall westlich von Rheinsberg gelegen, befindet sich das kleine, fast unscheinbare Dörfchen. „Noch drei volle Stunden lang schleppte sich der Omnibus durch tiefe Sandwege, dürftige, schwüle Kiefernwälder und zu guter Letzt noch durch einen kleinen, glühendheißen und staubigen Marktflecken namens Linow, dann waren wir am Ziel der Reise" – schreibt der unternehmungslustig Engländer A. Hamilton vor einhundertdreißig Jahren. Unbeachtet bleiben von ihm die beiden Seen – der (wirklich) Kleine und der (nicht wirklich) **Große Linowsee**. Auf die Gewässer geht auch der Name des Dorfes zurück – „Linov", so der erstmals 1320 erwähnte Name bedeutet im Slawischen: „See, in dem es Schleie gibt". Auf Befehl des Kurfürsten Friedrich III. wurden 1691 hier fünf Schweizer Familien angesiedelt, welche die Verluste des Dreißigjährigen Krieges kompensieren sollten. Neun Jahre später wurde durch diese Neusiedler die heute noch existierende schlichte Fachwerksaalkirche erbaut. Schleie gibt es in diesen Gewässern immer noch, was den Badenden an der Badestelle am Kleinen Linowsee sicherlich nicht stören dürfte.

Das Vorhandensein der Schleie macht sich auch auf der Speisekarte des einzigen Gasthofes in der Nähe bemerkbar. Im eingemeindeten **Warenthin**, direkt am Rheinsberger See, steht die durchaus schmackhafte Delikatesse auf der Speisekarte und wird neben Zander und anderen Fischen aus dem Linowsee angeboten. Frisch geräuchert bekommt man den Fisch ebenfalls - auch zum Mitnehmen als Picknick auf eine Bootstour zum Beispiel. Eine besondere Spezialität sind die regionalen Wildgerichte.

Denn es gibt zwei sehr schöne **Sportbootanlegeplätze** und einen **Ruderboot- und Kanuverleih**. Die Spuren des mittelalterlichen Dorfes verlieren sich bereits um 1525 im Dunkel der Geschichte. Ursprünglich geht der Ortsname auf den slawischen Personennamen Vargatin zurück - also Ort des Vargata.

Bootsanleger in Warenthin

Rheinsberg

Obwohl Rheinsberg so klein scheint und das historische Ensemble so geschlossen wirkt, sucht und entdeckt jeder Besucher für sich etwas völlig anderes. Und so sind es verschiedene Fragen, die sich die Rheinsbergentdecker stellen müssen und erst nach deren Beantwortung die Ortskundigen ihre Empfehlungen geben können: Welches Rheinsberg suchen Sie denn?

Das Rheinsberg Fontanes? Das Rheinsberg der süßlichen Träume des Tucholskyschen Liebespaares? Oder den intriganten Rokoko, die homophile Romantik und heimlich ausgelebte Erotik eines preußischen Prinzen? Die Geheimnisse der elitären Logenbruderschaften? Das kleine Städtchen bietet von allem etwas – und genau das macht Rheinsberg so interessant.

Im Text zur Geschichte der Region wurde bereits die alte, seit 1237 verbürgten Historie von Rheinsberg umrissen. Von dieser sind außer kleinsten Spuren nichts mehr zu sehen. Unser Auge erblickt daher fast ausschließlich die wunderbaren Rudimente der vergangenen 280 Jahre und die sind so vielfältiger Natur, dass bereits vor 150 Jahren die ersten dickleibigen Folianten erarbeitet wurden, diese rühmend zu beschreiben; eine Tradition, die sich fast ohne Unterbrechung bis heute fortgesetzt hat.

Als der „Alte Fritz" noch ein Prinz war

Die moderne Geschichte Rheinsbergs beginnt mit einem Geschenk: 1734 erhielt Kronprinz Friedrich vom Vater Friedrich Wilhelm I. das damals wohl recht marode Schloss als Versöhnungs- und Hochzeitsgeschenk. Die Versöhnung betraf den somit verziehenen Fluchtversuch des Prinzen vor dem strengen Regiment des Vaters nach England und die Hinrichtung des Prinzenfreundes Kattes nebst Festungshaft in Küstrin. Die Heirat war die Ehe mit Elisabeth Christine von Braunschweig-Bevern. Der Sohn des bisherigen, hugenottischen Eigentümers von Rheinsberg, Obrist Benjamin Chevenix de Beville, musste, so vermutet Fontane jedenfalls, sein Schloss 1734 an die Krone verkaufen, weil Friedrich Wilhelm I. das Anwesen für den Kronprinzen ausgesucht hatte. Die vom König festgesetzte(!) Kaufsumme betrug 75.000 Taler – wobei das friderizianische Finanzkonzept folgendermaßen aussah: Seine Majestät geruhten Zweidrittel aus der Privatschatulle anzuweisen, den Rest sowie die (erheblichen) Kosten für die notwendige Umbaumaßnahmen wurde von der Mitgift der Schwiegertochter bezahlt. Der Kronprinz zog im Frühjahr 1736

Denkmal Kronprinz Friedrich

nach Rheinsberg, seine Gemahlin, Kronprinzessin Elisabeth Christine, folgte nebst Hofdamen im August. Wahrscheinlich war das Leben des Prinzen bis dahin nicht allzu glücklich, so dass die unbeschwerten Jahre in Rheinsberg als doppelt freudvoll empfunden wurden. Damalige, zudem prinzliche Lebensfreude drückte sich immer auch in Architektur aus und so ließ der Prinz in den kommenden vier Jahren unentwegt an dem Ensemble bauen. Trotz Ebbe in der prinzlichen Schatulle und strengster Reglementierung durch den geizigen Vater.

Die meisten Besucher Rheinsbergs kennen nur ein Ziel: das **Schloss**. Mit seinen beiden charakteristischen, dem Grienericksee zugewandten Türmen, scheint der Bau förmlich ins Wasser zu ragen. 1734 erhielt der Baudirektor Johann Gottfried Kemmeter von König Friedrich Wilhelm I. den Auftrag, für den Kronprinzen das Schloss einzurichten. Kemmeter hatte schon früher für den Soldatenkönig in betont sparsamer Weise gearbeitet und bereits für die Vorbesitzer am Schloss Rheinsberg gewirkt. Der gute Kemmeter hatte also schlechte Karten und wurde, wie man heute sagen würde, gemobbt, bis er freiwillig das Handtuch warf und Georg Wenzeslaus von **Knobelsdorff** im Jahre 1737 die Aufgaben des Bauleiters übernahm. Vermutlich plante aber schon Kemmeter eine zum See hin geöffnete Dreiflügelanlage, die jedoch erst sein Nachfolger verwirklichte. Als das Prinzenpaar 1736 das Kemmeter-Rheinsberg bezog, war die typische Barockanlage, bestehend aus Mittelteil (corps de logis) und dem Südflügel, bereits fertig. Hingegen stammt der Nordflügel und die von ionischen Säulen getragenen Kolonnaden, die heute noch die Seitenflügel miteinander verbinden, und die erhöhten Türme, die dem Schloss seinen außergewöhnlichen „Riss“, seine unverkennbare Silhouette geben, von Knobelsdorff. Wobei letztere wohl schon seit ihrer Entstehungszeit für ästhetische Kontroversen sorgten: Fontane meinte diplomatisch, dass die Bauten „mehr eine Eigentümlichkeit als eine Schönheit bilden“. Auf Knobelsdorff geht auch die zum See führende Freitreppe zurück. Viele bedeutende Künstler arbeiteten am Schloss: Kemmeter und Knobelsdorff als Architekten, der Hofmaler **Antonie Pesne**, sowie die Bildhauer Friedrich Christian Glume (1714–92) oder Carl Gotthard Langhans (der Ältere, also der Schöpfer des Brandenburger Tors) waren nur einige der heute noch namhaftesten. Führte der kleine Hof von Rheinsberg nun das unbeschwerte Leben der Schönen und Reichen? Wer sich das höfische Leben in Rheinsberg dieser Zeit vorstellen möchte, sollte bedenken, was Christian Graf von Krockow in seiner ausführlichen Rheinsberg-Edition anmerkte: „Die heitere Geselligkeit von Rheinsberg, alle Feste, Konzerte und Friedrichs Studien haben neben Gruben und Gerüsten stattgefunden, unter all dem Staub und dem Lärm, den Fuhrleute, Maurer und Zimmerleute nun einmal verursachen. Die Gestaltung der Innenräume brauchte erst recht ihre Zeit." So richtig idyllisch hört sich das nicht an – zumal der Bauherr, wie viele Menschen nach ihm auch, von ständigen Geldsorgen geplagt wurde. Die finanziellen Mittel des Prinzen waren recht eingeschränkt, so dass seine Durchlaucht sich aufs, dem Vater verheimlichte, Geldborgen spezialisierte. Seine getreuen Emissäre borgten von der Zarin, am englischen Königshof und in Wien, was sie nur locker machen konnten. Sicherheiten wurden schon damals verlangt und die bot der Prinz: „Der König ist krank.", ließ Friedrich die russische Monarchin wissen: „Wenn man mich zu Dank verpflichten will, ist Eile geboten." Was sich später für das Reich im Osten auszahlen sollte, erwies sich für Wien als „miserable Investition". Das verliehene Geld für Soldaten ausgegeben und Österreich hätte vielleicht den Schlesischen Krieg gegen Friedrich gewonnen.

Kronprinz Friedrich residierte nur vier Jahre in Rheinsberg, dann wurde er, 1740 endlich König und Nachfolger des verhassten Vaters. Sein Bruder

Schlosstheater Rheinsberg

Heinrich sollte hier wesentlich länger leben – so viele Jahrzehnte wie der, nun jetzt selber gehasste, ältere Bruder an Jahren. Unter Heinrichs Federführung wurden speziell die Innenräume des Schlosses und der gesamte Park so gestaltet wie sich das Ensemble jetzt präsentiert. Heutige Besucher sollten Heinrichs gedenken, denn soviel hat sich seit Fontane nicht geändert: „Wenn man wieder ins Freie tritt, um, über den Schloßhof hin, dem Park und dem See zuzuschreiten, so kann man die Frage nicht abwehren, wie kommt es, daß dieser kluge, geistvolle Prinz Heinrich, dieser Feldherr sans peur et sans reproche, dieses von nobelsten Empfindungen inspirierte Menschenherz, so wenig populär geworden ist. (...) Selbst in Rheinsberg, das der Prinz ein halbes Jahrhundert lang bewohnt hat, ist er verhältnismäßig ein Fremder. Natürlich kennt man ihn, aber man weiß wenig von ihm." Zu seinen Leistungen nachher mehr – und um die Chronologie der Ereignisse zu wahren: nach Heinrichs Tod im Jahre 1802 verirrten sich noch relativ selten die Erben der Hohenzollern nach Rheinsberg. Seit 1802 ist dann nicht mehr Hof gehalten worden – was der wirtschaftlichen Entwicklung des Ortes natürlich nicht zuträglich war. Daran änderten auch die regelmäßigen und mitunter auch längeren Aufenthalte Prinz Augusts mit Auguste von Prillwitz nichts. Rheinsberg versank in den Schlaf eines kleinen Provinzstädtchens – bis die Literatur den Ort neu entdeckte. Erst kam der leutselige Fontane aus dem nahen Berlin angereist und beschrieb alles in einer Ausführlichkeit, die heute nicht mehr ganz zeitgemäß erscheint. Dann kam sein englischer Kollege Hamilton, der das heute schon mehr geliebte hintergründig Süffisante suchte und beschrieb. Schließlich aber sollte der junge Tucholsky seinen Lesern ein Rheinsberg erfinden, welches Generationen von Verliebten und melancholisch Entliebten anzog. Bis heute!

Das Schloss Rheinsberg

Um das **Schloss** kennen zu lernen, empfiehlt sich eine Führung durch die fünf in den letzten Jahren wunderschön restaurierten „Abteilungen": der Spiegelsaal, die Amalienwohnung, die Ferdinandswohnung und die Prinz-Heinrich- und Kronprinz-Friedrich-Wohnung. Der **Rundgang** ist im Sommer mit Audioguide und Führung und im Winter nur mit der einer Führung möglich.

Er beginnt im prächtigsten und zugleich größten Saal des Schlosses. Der Spiegelsaal, der auch Marmor- oder großer Saal genannt wurde, gehört zu den frühesten Arbeiten des Architekten **Knobelsdorff**. Der Saal wurde erst 1740, also im Jahr des Regierungsantritts Friedrich II., fertiggestellt – und das aus gutem Grund: Ausgemalt wurde der Raum mit dem symbolischen Deckengemälde **Antoine Pesnes**, das sehr direkt auf die Krönung Friedrichs und die damit verbundene natürliche Abdankung seines Vaters anspielt. Aurora, die Göttin der Morgenröte, schwebt vor dem Sonnenwagen Apolls, während die Göttin der Nacht entschwindet. Nicht schwer zu erahnen, was der Papa zu dieser Allegorie gesagt hat, denn unterrichtet wurde der greise Monarch von seinem getreuen Spion Baron von Bielfeld; eine Petzerei, die sich schnell unter dem neuen König rächen sollte! Von dem ursprünglichen Mobiliar des Saales ist bedauerlicherweise nichts mehr erhalten. Das wunderbare Ambiente des Raumes wird heute für einige wenige klassische Konzerte der Musikakademie Rheinsberg und der Kammeroper Schloss Rheinsberg in hervorragender, sinnstiftender Art genutzt. Seeseitig anschließend, gelangt der Besucher in das Bacchus-Kabinett im Nordturm, dessen Decke ebenfalls von Pesne ausgemalt wurde: Ganymed wird von Hebe im Olymp empfangen. Hinter dem Spiegelsaal befinden sich die drei Räume, aus der die Amalienwohnung bestand. Die heißgeliebte Schwester von Friedrich II. bevorzugte rote Damast-Wandbespannungen und goldene Stuckrosetten. An der Wand hängt u. a. eins der seltenen Prinz-Heinrich-Porträts.

Die Möbel dieser Zimmer sind ebenfalls nicht mehr erhalten – die gezeigten stammen aus dem Audienzzimmer der Ferdinandswohnung. Im Lackkabinett, so benannt nach den mit Lack überzogenen Wandtäfelungen, sind kunstvoll gestaltete asiatische Wandschirme ausgestellt. In einer Schlafkammer, deren Wände mit grünem Damast bespannt sind, ist ein Porträt der Prinzessin Luise Ulrike (die Schwester Friedrichs und seit 1751 Königin von Schweden) im Schäferkostüm zu sehen.
Anschließend gelangt der Besucher in die zwei Räume größere Herberge von Prinz Ferdinand, die vor diesem von der unglücklichen Prinz-Heinrich-Gattin Wilhelmine bewohnt worden war. Sowohl im wandgetäfelten Kabinett, als auch in der Schlafkammer liegen noch immer die originalen Dielen. Die Decken des angrenzenden Audienzzimmers sind wohl ebenfalls mit dem ursprünglichen Goldstuck verziert, während die Stofftapeten im Zuge der letzten Restaurierung (1991) erneuert wurden. Nach einem Boudoir betritt man dann die Räume der Prinz-Heinrich-Wohnung, in der ursprünglich das Kronprinzenpaar untergebracht war. Die Decke des sogenannten „Rittersaals“, als erstem Raum, wurde wiederum von Pesne gestaltet: „Mars und

Dem Grienericksee zugewandt – Schloss Rheinsberg

Venus", sowie die Supraporte Hannibal, Caesar, Scipio und Pompejus lassen die Namensgebung nachvollziehbar werden. „Ein neuer und sehr anmutiger Geschmack herrscht in den Auszierungen dieses Saales", heißt es in der Beschreibung Friedrich Nicolais von 1788, für die folgenden Gemächer. „Pilaster von dunkelgelben Gipsmarmor tragen auf verguldeten Kragstein das Hauptgesimse, und zwischen diesem hängen Guirlanden von Stuckarbeit, welche mit Vergoldungen und natürlichen Muscheln geziertet sind. In der Mitte der Decke sieht man ein Bouquet von natürlichen Muscheln", heißt es weiter, um den Muschelsaal als solchen zu kennzeichnen. Im angrenzenden Eckzimmer war die Bibliothek von Prinz Heinrich untergebracht. Eine Schlaf- und die Lange Kammer sind die letzten Räume dieser Wohnung. Das runde Turmkabinett ist sicherlich eines der interessantesten, vielleicht auch schönsten Räume des gesamten Schlosses.

Der Raum wurde 1737 als Studierzimmer eingerichtet und nur 1769 und 1786 geringfügig verändert. Den Blick auf den darunter liegenden Garten sollte niemand verpassen. Über dem Kopf ist dann, die wiederum von Pesne gestaltete Minerva (Beschützerin der Kunst und Wissenschaft) zu sehen. In diesem Turmzimmer, vom guten Fontane über einige Seiten ausführlichst beschrieben, soll Friedrich seinen philosophischen Studien nachgegangen sein. Hier habe auch, so die Chronisten, die erste persönliche Begegnung mit Voltaire stattgefunden. Beim Betreten dieses Gemachs können durchaus unterschiedliche Ge-

Schloss Rheinsberg in der Nachmittagssonne

fühle aufkommen. Den bereits zitierten Grafen von Krockow „weht noch heute, fast wie ein Frösteln oder ein Schauer“ die Zugluft der Geschichte an. Jener visioniert vom hier ausgehenden Königtum und Weltenruhm, „vor den Abgründen und der Einsamkeit des verlorenen Lebensglücks, das am Ende in eine Menschenverachtung führen sollsollte, der bloß noch Hunde blieben“, andere hingegen stellen sich vor, wie Friedrich hier die Honorarforderungen des französischen Philosophen beglich. Gegen Ende November 1740 kam Voltaire für einige Tage nach Rheinsberg. Wahrscheinlich war dies das erste Mal, das der König den bisher von ihm so hoch geschätzten Charakter in einem anderen Licht erblickte. Die Anweisung, welche er zur Zahlung des Geldes ergehen lässt, lautet wörtlich: „Der Geizhals soll seinen unersättlichen Golddurst bis in die Hefe stillen. Er soll dreitausend Taler haben. Auf diese Weise wird mir sein sechstägiger Besuch fünfhundertfünfzig Taler pro Tag kosten. Das heißt einen Hanswurst etwas teuer bezahlen. Wohl niemals hat ein Hofnarr eine so hohe Gage bezogen.“ Zum Vergleich: Pesne hat 1.200 Taler im Jahr verdient! Bedauerlicher Weise gibt es hier nicht den Platz, über den Rheinsberger Freundeskreis des Prinzen zu schreiben, aber erwähnt werden sollten die Namen zumindest: der Lebemann Dietrich Freiherr von Keyserling, der hochgebildete Großmeister des Bayardordens Heinrich August de la Motte Fouqué und schließlich der elitäre Globetrotter und Herausgeber der „Voyage littéraire“ Charles Étienne Jordan.

Am Ende des Rundgangs werden die Besucher in das Erdgeschoss des Mittelteils geleitet - hier sind Briefe, Manuskripte und Bücher eines späteren Zeitalters zu sehen.

Tucholsky in Rheinsberg
Seit 1991 gibt es hier das **Kurt-Tucholsky-Literaturmuseum**. Der geniale Beinahe-Jurist hat hier zwar nie gelebt und in seinem Leben nicht mehr als ein Wochenende geweilt, mit seinem „Rheinsberg – Ein Bilderbuch für Verliebte" dem Städtchen, Schloss und Park aber ein ebenso entzückendes wie nachhaltiges literarischen Denkmal gesetzt. „Sie gingen in den Park. An einem kleinen Rondell schimmerten weiße Figuren aus dem Blätterwerk. Ein Satyr lehnte sich an einem Baustumpf, mit gesenkter Flöte, ein Faun stach eine fliehende Nymphe... Das Schloß leuchtete weiß, violett funkelten die Fensterscheiben in hellen Rahmen, von staubigen Lichtern rosig betupft, alles spiegelte sich im glatten Wasser. Baumgruppen standen da, rötlich-gelb beschienen mit schwärzlichen Schatten, sie warfen lange, dunkle Flächen auf den Rasen. Träge schob sich der See in kleinen Wellchen an die schilfigen Ufer...", heißt es in dem schmalen Bändchen, von dem binnen kürzester Zeit 50.000 Exemplare verkauft wurden. Ein grandioser Erfolg des Erstlingswerkes, der sicherlich nicht nur mit der innovativen Verkaufsidee begründet werden kann, zusammen mit einem Zeichner am Berliner Kurfürstendamm eine „Bücherbar" zu eröffnen; wer ein Buch kaufte, bekam einen Schnaps gratis. Das Kurt-Tucholsky-Literaturmuseum ist das einzige Tucholsky-Museum in Deutschland und präsentiert mit Dokumenten, Texten und Objekten aus Tucholskys Besitz, Vertonungen von Chansons und Filmen das Leben und Werk des Autors.

Georg Wenzeslaus von Knobelsdorff (1699–1753)
Wurde 1699 auf dem Gut seines Vaters in Kuckädel bei Crossen geboren. Bereits als Knabe nahm der älteste von vier Geschwistern am Feldzug in Pommern und der Belagerung von Stralsund teil, um schließlich auf Rügen stationiert zu werden. Trotz Lungenkrankheit, weiter Militärdienst und 1728 Beförderung zum Sekundeleutnant sowie Verlegung nach Berlin. 1729 Abschied aus gesundheitlichen Gründen und Entlassung als Captain. Beginn des Studiums der Architektur bei Kemmeter und Wangenheim sowie der Malerei bei Pesne. Kurzzeitige Beschäftigung als Zeichenlehrer von Kronprinz Friedrich (1730). Als zwei Jahre später der Prinz nach Neuruppin ging und ihm gestattet wurde, einen kleinen Kreis von Freunden mitzunehmen, wurde auch Knobelsdorff als Zeichenlehrer und Berater der schönen Künste berufen. 1735 zeichnet Knobelsdorff die Pläne zur Verschönerung von Friedrichs Küchengarten – u. a. den Tempel in der „Amalthea" mit der von dorischen Säulen getragenen Kuppel, auf der früher noch

eine Apollo-Statue stand. Ein Jahr später befindet sich der Künstler in Italien um seine Kenntnisse zu erweitern und mit dem Geheimauftrag Friedrichs, für dessen geplante italienische Oper geeignete Darsteller/Sänger zu engagieren (was ihm allerdings mangels Interesse seitens der Italiener nicht gelang). Im Jahre 1737 wird Knobelsdorff von seinem Herrn nach Rheinsberg zurückgerufen – und malt ein Portrait des Prinzen als Geschenk für Voltaire. Bis 1739 Weiterführung des Schlossum- und Ausbaus, dann die Parkgestaltung. Nach dem Brand von 1740, bei dem zwar die Stadt in Schutt und Asche versank, das Schloss aber unversehrt blieb, Wiederaufbau von Rheinsberg nach seinen Plänen.
Mit der Thronbesteigung Friedrichs im gleichen Jahr, Umzug nach Berlin und Beginn der großen Pläne für das Opernhaus, das Charlottenburger Schloss u. a. bis hin zu Sanssouci. Während dieses Umbaus (Pläne ab 1745 – Einweihung 1747) Streit mit dem königlichen Bauherrn und Entlassung; Boumann führte die Pläne des Königs schließlich aus „ohne daran zu deuteln, geschweige denn zu murren“. Letztes großes Werk: Das Palais des Fürsten von Anhalt-Dessau. Im Herbst 1753 starb der Künstler, der als „barsch, schroff und eher verschlossen und schweigsam als mitteilsam und gesprächig“ beschreiben wird. „Wenn er aber einmal sprach, so habe er leicht seine Meinung unverhohlen gesagt und dann auch daran festgehalten.“ – ein Charakter, der den Umgang mit Hoheiten sicherlich nicht erleichtert hat.

Antoine Pesne (1683–1757)
Wurde 1683 in Paris geboren. Aufgewachsen in einer Künstlerfamilie: Großvater, Onkel und Vater waren bekannte Kupferstecher. Um 1706 Reise nach Italien, u. a. auch nach Venedig, wo der junge Pesne 1707 das Portrait von Baron von Knyphausen malt. Der Freund des preußischen Königs zeigt es am Hof, woraufhin Friedrich I. den Franzosen zum Ersten Hofmaler und Akademie-Direktor nach Berlin beruft. 1710 Ankunft in Berlin und wunderbare Jahre: Gehalt von 1.200 Taler und 50 Schüler im eigenen Atelier. Drei Jahre später stirbt der König und Friedrich Wilhelm I. „jagte die Künstler von dannen“. Der geschasste Maler kann noch einige Jahre als viel beschäftigter Portrait-Maler leben, geht dann aber nach England und malt mehrere Mitglieder der Königsfamilie. „Da die französische Art drüben nicht gefiel“, Rückkehr nach Berlin. Mit der Thronbesteigung des Kronprinzen Friedrich wieder Vollbeschäftigung: Großartige Fresken in Rheinsberg („Aufgehende Sonne“) und Charlottenburg („Aufgegangene“) – vor allem aber Porträts; fast alle Prominenten des preußischen Hofes und der befreundeten Staaten werden von Pesne abgebildet. Hohe Bekanntheit – Friedrich bedichtet seinen Lieblingsmaler mit einer französischen Ode (14. November 1737). Im Jahr 1742

malte Pesne den König, was außer Knobelsdorff und dem Braunschweiger Hofmaler Zisens (Audienz eine Stunde) keinem gestattet wurde.

Der Schlosspark von Rheinsberg

Es gibt Unmengen von gelehrten und wissenschaftlichen, aber auch von romantischen Beschreibungen des Schlossparks. Sicherlich haben alle ihre Berechtigungen - am Wesentlichen für den besuchenden Ausflügler gehen sie aber vorbei.

Vom Schloss führt die Billardbrücke über den Rhin in den Park. Über eine breite Allee gelangt der Spaziergänger zum Orangerierondell. Die durch Knobelsdorff angelegte Hauptallee wird am Anfang von zwei Sphingen flankiert, die angeblich die Gesichtszüge von Madame Pompadour und Maria Theresia tragen sollen. In einem Rondell ist die Grabpyramide des **Prinzen Heinrich** zu finden, der sich an dieser Stelle bestatten ließ, um auch später das Schloss noch vor Augen zu haben. Überall im Park findet man kleinere und größere Kunstwerke. Egal wohin man schaut, überall begegnet man dem Prinzen Heinrich. Im

Apoll mit seiner Lyra und vier weitere Marmorfiguren, welche die vier Elemente darstellen, schmücken die Schlossinsel.

Schatten des großen Bruders, des Alten Fritz, stehend, verabscheute Heinrich in diesen Tagen noch den Krieg, seinen Lärm und seine Grausamkeiten. Später war das freilich anders, wie die von ihm geführten Kriege und der durchaus ernst gemeinte Beifall des großen Bruders zeigen sollte. In Rheinsberger Tagen wandelte seine prinzliche Majestät allerdings stets die Trauer an, ob der vielen jungen, gut gebauten Offiziere, mit denen er so manche traute Stunde verlebte und die so unsinniger Weise ins Gras beißen mussten. In Erinnerung an die schönen Stunden ließ der Prinz dem einen ein Tempelchen, dem nächsten eine Säule, eine Statue oder eine Grotte errichten. Gedenktafeln und zahlreiche Vasen findet man überall im Garten verteilt. Auch sollte man sich vor Augen halten, dass an der Gestaltung dieses Parks fast siebzig Jahre lang gearbeitet wurde. So ist ein Ensemblemix entstanden, der vom Rokoko und seiner französischen Ausrichtung bis zum naturbelassenen englischen Modell reicht. Die bauliche Ausschmükkung unter Prinz Heinrich muss, den erhaltenen Plänen nach, schon an die Grenze des Geschmacks-Erträglichen gegangen sein: „Das meiste ist inzwischen verschwunden – gottlob, möchte man beinahe meinen“,

Auch eine Form von Opposition – der Obelisk

Der Orangeriepavillon

behauptete ein (blaublütiger) Kenner in unserem Jahrhundert. Und von einem „Disneyland des 18. Jahrhundert“ zu sprechen, ist durchaus nicht despektierlich gemeint. Ob die Liebe des Prinzen zu seinen Männern nun metaphorisch war oder praktiziert, dürfte unserem aufgeklärten Zeitalter relativ gleichgültig sein. Doch was sollen diese nebulösen Aussagen, von einem „märkischen Athen“ o. Ä. die noch heute Rheinsberg als den preußischen Soldatentraum verschlüsseln bzw. sich in seitenlange ästhetische Diskurse über die Stilistiken der einzelnen Bauwerke begeben? Alle diese Bauwerke sind schlicht und ergreifend postmortale Liebesbeweise eines traurigen Prinzen.

Ebenso wie der mächtige **Obelisk**, der wie ein umgekehrtes Ausrufezeichen auf einer Anhöhe gegenüber dem Schloss in den märkischen Himmel ragt, durchaus kein „Die Toten Mahnen uns“-Bekenntnis ist. Auf den erst jüngst restaurierten Platten des am 4. Juli 1791 mit großen Zeremoniell unter Teilnahme der alten Haudegen eingeweihten Denkmals sind lediglich die Namen derer verzeichnet, die der ältere Bruder in seinen selbstgefälligen Memoiren einfach nicht erwähnte. Die achtundzwanzig Namen sagen heute kaum noch jemandem etwas – allen voran, der des geliebten Bruders. August Wilhelm soll an der Schmach über die Worte Friedrichs, mit dem dieser ihm die Verantwortung an der Niederlage bei Kolín in die Schuhe schob: „Von Rechts wegen gehöre ihm der Kopf vor die Füße gelegt", in Oranienburg gestorben sein. Der Obelisk ist ein steingewordener Widerspruch gegen den vormals so übermächtigen Bruder, der sich jetzt nicht mehr wehren konnte. Friedrichs Name fehlt deshalb ebenso wie eine Erwähnung dessen Lieblingsoffiziere unterbleibt.

Wer sich nicht im Park verlaufen will, benutzt einfach den Weg, der sich am Ufer des **Grienericksees** entlang schlängelt. Zum Beispiel ist am Ufer die Feldsteingrotte zu bewundern, die im Stile einer Einsiedelei während des siebenjährigen Krieges errichtet wurde. Ab den Obelisken erhielt selbstverständlich dieser Weg auch einen Namen, welcher der Bedeutung der Anlage gerecht werden sollte: Poetensteig ward er geheißen. Einige sind heute noch bekannte Poeten, die auf ihm wandelten, deren Geschichten zu erzählen lohnte. Dafür ist die Umgebung bzw. sind die an seinem Wegesrand errichteten Denkmäler und Gebäude von Interesse. Der Obelisk wurde bereits erwähnt – wenige Meter oberhalb davon entfernt steht wieder eine Säule, die ebenfalls einen Verstorbenen ehren soll.

Der Prinz und sein Dichter

Der heute längst vergessene französische Staatsmann, Minister und später Verteidiger Ludwigs XVI. Malesherbes und Heinrich waren sich so aufrichtig zugetan, dass er die streng geheime diplomatische Mission übernahm, dem frankophilen Prinzen ein Schlösschen in Paris zu organisieren. Heinrich wollte möglichst weit weg vom verhassten Potsdam – allein die Französische Revolution kam dazwischen. Dem in Paris weilenden Prinzen gelang die Flucht. Malesherbes beugte sein Haupt vor der Maschine eines deutschen Klavierbaumeisters und starb unter der Guillotine. Nicht nur aus diesem Grunde hegte der Prinz tiefe Abneigung gegen alle demokratischen Erneuerungen.

Was Heinrich nicht daran hinderte, ernsthaft mit dem Gedanken zu spielen, sich durchaus streitbaren Demokraten dienstbar zu machen. Es ist eine bizarre Geschichte, die sich wie ein Treppenwitz der Geschichte anhört, trotzdem wahr ist und wenn sie anders verlaufen wäre, der heutigen Geopolitik ein völlig anders Aussehen gegeben hätte: unmittelbar nach den Unabhängigkeitskriegen der nordamerikanischen Staaten suchte man ein geeignetes Regierungsmodel. Friedrich Wilhelm von Steuben, einflussreicher Militär der jungen Demokratie, hatte einst unter Prinz Heinrich gedient und brachte im Zuge der Diskussion, die auch eine parlamentarische Monarchie nach englischem Muster in Betracht zog, den Preußenprinzen ins Gespräch. Ein Vorschlag, der durchaus auf positive Aufmerksamkeit stieß, hatte doch Preußen als erstes Land Europas mit der jungen

Eintritt ins Paradies für Romantiker – der Schlosspark von Rheinsberg

USA einen Freundschafts- und Handelsvertrag geschlossen. Es existiert dazu ein umfangreicher Briefwechsel, an dessen Ende allerdings die bekannte politische Ausrichtung nach Verfassungsdebatte und Konvent (1787) stand. Der Rheinsberger Prinz als König von Amerika – der Weltenlauf wäre ein ganz anderer geworden! Aber es hat nicht sollen sein und so blieb der Prinz in Europa – und suchte sich ein Altersdomizil in Paris.

Weiter auf dem Poetensteig schlendernd, wurde der **Tempel** der Concordia erreicht - heute eine Ruine. Waren die Säulen und Kapitelle lediglich gemalt, so doch nur um den echten Sinn zu verbergen. Hier befand sich die **Meierei** des Hofes. Den Käse wollten die Herrschaften schon - vom Anblick der profanen Tätigkeiten wollten die Gnädigen allerdings verschont bleiben: „Man liebt den Käs, indes man deckt ihn zu" (Wilhelm Busch). Weiter führt der Poetensteig durch die Boberower **Forst**, wo angeblich noch der Intendant Reisewitz spuken soll. Auch deshalb wurde die Parkanlage einmal recht treffend als Opernkulisse - halb Zauberflöte, halb Freischütz - beschrieben.

Die Kammeroper Schloss Rheinsberg und die Bundesmusikakademie

Apropos Oper: zu den Stimmungen von Park und Insel kann jeder Tourist seine eignen Empfindungen haben – die hohe Meinung zur Musikakademie Rheinsberg und der Kammeroper Schloss Rheinsberg dürfte allerdings alle in seltener Eintracht einigen. Was hier in ganz wenigen Jahren geleistet wurde, ist schlicht einzigartig! Seit 1991 finden jährlich im Juli und August vor der malerischen Kulisse von Schloss, See und Park die Aufführungen der internationalen Opernfestivals junger Sänger statt, das durchaus Weltruf genießt. Den Charme der jungen Stimmen und das einzigartige Am-biente genießen jährlich Tausende Klassik-Fans. Beide genannten Rheinsberger Musikinstitutionen haben unter dem Dach der Musikkultur Rheinsberg gGmbH ihren Sitz im Kavalierhaus der Schlossanlage. Das wiederaufgebaute Schlosstheater wurde 1999 mit Siegfried Matthus' (1934-2021) Oper „Kronprinz Friedrich“ wiedereröffnet. Seither finden dort rund ums Jahr Konzerte, Lesungen und Opernaufführungen statt - auch durch die Bundesakademie für junges Musiktheater.

Mit den Fördertiteln Rheinsberger Hofkapelle bzw. Rheinsberger Residenzensemble für neue Musik zeichnet die Musikakademie jährlich ein vielversprechendes junges Ensemble

Klassische Musik im Ambiente von Schloss Rheinsberg.

für vorklassische bzw. für zeitgenössische Musik aus, welches hier wie auch im Spiegelsaal des Schlosses auftritt. Neben dem professionellen Musiker- und Sängernachwuchs proben im Kavalierhaus auch Amateurensembles und Chöre. Der Spielplan ist ebenso vielfältig wie ambitioniert und reicht vom Konzert über das Sprechtheater bis zur szenischen Lesung. Begonnen hat diese Tradition bereits unter Prinz Heinrich:

Theater mit Kulissen aus Hecken

„Fouqué (Heinrich August de la Motte – d. A.) hat dem Prinzen in den Kopf gesetzt, Komödien und Tragödien aufzuführen. Man hat den „Mithridates" von Racine gegeben, und der Prinz hat selbst eine Rolle darin übernommen. Wenn der König das hört, wird er sehr zornig werden" – freute sich der intrigante Baron von Seckendorff in seinem Tagebuch, um es so schnell wie möglich seinem Herrn zu melden. Der König wurde zwar zornig, aber Potsdam war weit. Um seiner Oper ein möglichst hohes Niveau zu geben, strapazierte der Prinz seine Finanzen bis an die Grenzen seiner Möglichkeiten. Schuldenmachen inklusive. Auf diese Weise schien Heinrich aber auch ein beeindruckendes Ensemble von Schauspielern, Musikern und „Regisseuren" engagiert zu haben, die mangels Masse auch alternierend aufzutreten hatten: „Der Ruf der von der prinzlichen Kapelle begleiteten Opernaufführungen lockte sogar das Publikum aus Berlin", berichtet ein Zeitzeuge, um weiter zu loben: „Zweimal in der Woche haben wir ein ausgezeichnetes Theater. Man gibt abwechselnd große Opern, die, was die Musik betrifft, ebensogut aufgeführt werden wie in Paris, aber ohne Ballett..., außerdem die besten Stücke wie im Theatre Francais und alle komischen Opern... Niemals habe ich soviel Vergnügen empfunden wie hier." Allerdings scheint die Arbeit am Hoftheater nicht ganz sorglos gewesen zu sein. Ein Schlaglicht auf die Neigungen des Prinzen und die Ensemblesituation beleuchtet der Freitod eines Darstellers: „Blainville, ein besonderer Liebling des Prinzen, gab sich selbst den Tod, als es der Kabale seiner Genossen gelungen war, ihm momentan die Gunst seines Herren zu entziehen. Der Prinz soll diesen Verlust nie verwunden haben", heißt es in der voluminösen Geschichte zu Schloss Rheinsberg. Was heute schon fast selbstverständlich zu sein scheint – damaligen Intendanten wurde das Überziehen des Budgets nicht verziehen. Baron von Reisewitz, aufgestiegen vom Pagen, dann zum Stallmeister avanciert und schließlich Intendant des Rheinsberger Hoftheaters soll offiziell am 23. Februar 1763 an einer entzündlichen Krankheit verstorben sein. Das Gerücht hält sich bis heute hartnäckig, dass sich von Reisewitz selbst vergiftete, weil man ihn beschuldigte, die ihm anvertrauten Gelder schlecht verwaltet zu haben.

Die Remus-Insel

Etwas außerhalb des Ensembles gelegen, aber absolut dazugehörig und besonders in der wärmeren Jahreszeit zu empfehlen – die Remus-Insel im Rheinsberger See. Bereits der Theaterintendant Hennert zeigte sich von dem Eiland entzückt: „Diese Insel hat eine so angenehme Lage, dass sie verdient zum Vergnügen benutzt und zum Vergnügen bequem gemacht zu werden", schreibt der Künstler und berichtet weiter: „Es wird ein Haus in chinesischem Geschmack, von zwey Stockwerken erbauet und das oberste Stockwerk wurde mit einer bedeckten Galerie von chinesischem Gitterwerk umgeben, im untern aber verschiedene Kammern und ein großer Saal angelegt." Als der britische Tourist Andrew Hamilton 1872 die Insel besuchte, war von der asiatischen Herrlichkeit nichts mehr zu sehen. Aber wie kommt es zu dem merkwürdigen Namen der Insel – schließlich galt auch damals die Zeit der Rom-Gründung als durchaus barbarisch und passt so wohl kaum in die hier geschaffene Idylle. Man hat den Namen übernommen, auch aus Stolz auf eine vermeintlich uralte Historie. In einem Brief von Kronprinz Friedrich an Voltaire im März 1737 ist zu lesen: „Vor einigen Jahren fand man in einer vatikanischen Handschrift Romulus' und Remus' Geschichte auf eine ganz andere als die uns bekannte Art erzählt. Die Handschrift gibt an, dass Remus vor den Verfolgungen seines Bruders floh und, um sich dessen eifersüchtiger Wut zu entziehen, in das nördliche Deutschland flüchtete, dass er hier in der Nähe eines großen Sees eine Stadt gründete, der er seinen Namen gab und dass er nach seinem Tode auf der Insel begraben wurde, welche mitten im See eine Art Berg bildete. Vor vier Jahren kamen, vom Papst gesandt, zwei Mönche hierher, um nach dem Ort zu forschen, welchen Remus nach diesem Bericht gegründet haben soll. Sie kamen zu der Überzeugung, dass es Remusberg sein müsse." Bleibt noch anzufügen, dass der auf so viel Geschichte stolze Prinz, ab diesem Tag seine Korrespondenz mit „aus Remusberg" überschrieb. Uns heutigen dürfte es so ergehen wie weiland den Liebenden Wölfchen und Claire: Erst „landeten sie auf der kleinen Insel. Ein paar Bäume standen darauf. Sie lagerten sich ins Gras... Ein kühler Wind strich über den See herüber. Die Uferlinien waren unendlich fein geschwungen, die hellblaue Fläche glänzte matt...", bis dann „Stimmen kamen, Ruderboote, Familien, die hier zu einem Picknick landen wollten. Riesige, blecherne Vorratskörbe bedrohten wie Geschütze das Lager der Friedlichen... Auf und davon!", sagten sich die Tucholsky-Protagonisten. Damals wie heute gilt übrigens: Biwak verboten!

Die Stadt Rheinsberg

Der Staatlich anerkannte Erholungsort besteht natürlich nicht nur aus dem Schloss und Park und Insel. In der Stadt selber findet sich z. B. die **Stadtkirche St. Laurentius**, die ebenso wie das Schloss den großen Brand von 1740 fast unbeschadet überstand

Badewannenbrunnen in Rheinsberg

und bereits im 13. Jahrhundert errichtet wurde. Nach einem großen Stadtbrand 1566 wurde die Kirche in nur zwei Jahren mit Einbezug der alten noch vorhandenen Teile vergrößert. Der Turm wurde allerdings erst ein Dutzend Jahre später angebaut.

Christian Ludwig von Kaphengst (1740–1800)

In Zusammenhang mit der Region sind weder der „schöne" Kyphausen, noch die beiden Barone interessant – lediglich über Christian Ludwig von Kaphengst (1740–1800) sollte noch gesprochen werden.

Wie der wie immer gut informierte englische Reisende Hamilton schreibt, galt der junge Kaphengst als sehr hübsch, aber auch sehr liederlich – der „machte sich nichts aus den Künsten noch aus französischen Versen, sondern war eine rohe und übermütige Natur. Viele Jahre lang hat er lediglich a conto seiner schönen äußeren Erscheinung wegen, eine große, wohl die erste Rolle im Haushalte des Prinzen gespielt". Natürlich erfuhr der König von dieser skandalösen Männerfreundschaft und bestach den Prinzen. Die gleiche Summe gab Heinrich noch einmal dazu und Kaphengst zog sich auf sein von diesem Geld erworbenes Gut Meseberg, in der Nähe von Rheinsberg zurück. Natürlich brach die Verbindung nicht ab – und Heinrichs Geld floss weiter in Kaphengst Taschen. Wofür? Das mag der Phantasie der Leser überlassen bleiben. Das „Zauberschloß Meseberg" (Fontane) existiert noch heute – der Barockbau von 1738 steht am Huwenowsee bei Gransee und fungiert nach aufwändiger Sanierung seit 2007 als Gästehaus der Bundesregierung. Fontane hat eine detaillierte Beschreibung der Anlage hinterlassen – auch lohnt es sich noch einmal die Kaphengst-Story bei Fontane (Kapitel: Rheinsberg – Zwischen Boberow-Wald und Huwenowsee) nachzulesen.

Zurück nach Rheinsberg und zu dessen **Kirche.** Dem wachen Auge hingegen unverborgen sind die Besonderheiten im Inneren des Gotteshauses. Taufstein, Epitaph und Grab der Familie von Bredow stammen aus dem 16. Jahrhundert – ebenso wie das Altarbild, das es sich näher anzusehen lohnt. Betrachtet man das Abendmahl genauer, so fällt die personelle Enge auf. Irgendetwas stimmt hier nicht – und richtig: Es sind nicht 12 sondern 14 Personen abgebildet! Jeweils ganz rechts und links sind Figuren zu sehen, die in der biblischen Geschichte nicht zu finden sind. Der Künstler des Altars hat sich, mit dem Schnitzmesser in der Hand und leicht abgekehrt, an die eine Seite gemogelt, während der Spender, Achim von Bredow, an der gegenüberliegenden Seite abgebildet wurde. Ganz schön vermessen und selbstherrlich für diese Zeit. Was der Edle von Bredow noch so trieb, ist im Text über Lindow nachzulesen.

Die Stadtkirche St. Laurentius in Rheinsberg

Aber in der Altstadt gibt es noch mehr zu entdecken. Zwischen Schloss, Markt und Kirche liegt der Triangelplatz, so benannt nach seinem dreieckigen Grundriss. Ihn ziert eine historische Postmeilensäule von 1765. In der angrenzenden ehemaligen Remise befindet sich die Touristinformation.

Keramikmuseum

Sicherlich zum Auffüllen der immer klammen Schatulle, ließ Prinz Heinrich 1762 eine Keramikmanufaktur einrichten. Noch heute gibt es eine deutliche Fülle an Keramikwerkstätten in Rheinsberg und sogar ein Keramik-Hotel. Wer mehr über die geschichtlichen Hintergründe erfahren möchte und genauer wissen will, wieso die Rheinsberger Teekanne so gut und tropffrei ist, sollte sich einen Besuch im **Keramikmuseum** gönnen. Zum jährlichen Töpfermarkt am zweiten Oktoberwochenende bieten beinahe 100 Keramiker ihre Ware feil.

Teekanne „Rheinsberg", Dekor 31, Rotes Steingut, ab 1925 bis 1991

Eisenbahnmuseum

Zur Geschichte des regionalen Bahnverkehrs haben einheimische Bahnfreunde (Arbeitsgemeinschaft Rheinsberger Bahnhof) einige interessante Stücke zusammen getragen. Es ist eine kleine Ausstellung geworden, die im ehemaligen Lokschuppen des Rheinsberger Bahnhofs zu besichtigen ist.

Vor dem Verlassen des wunderbar restaurierten Städtchens mit seinen wirklich auffällig freundlichen Menschen, sollte der Besucher noch unbedingt den lukullischen Freuden frönen: Im über einhundertjährigen „Ratskeller" steht Fontanes Lieblingsgericht Alt-Brandenburger Schmorbraten in Ingwersoße mit Apfelrotkohl und Kartoffelklößen auf der Karte und wenige Minuten entfernt, findet sich in der Seestraße das erste Haus am Platz und die beste Küche im weiten, weiten Umkreis. Wer im „Seehof" absteigt, der kann nach exquisitem Dinner (milchigen Glasfußboden im Wintergarten & Party-Weinkeller im ehemaligen Eiskeller) in den modernen eingerichteten Romantikzimmern wieder Tucholsky erleben: „In der Nacht wachte er auf. Vorsichtig bauschte er den Vorhang, der weiß und faltig am Fenster leise vom Nachtwind bewegt war. Der Mond gespensterte in den Bäumen, ein Obelisk stand seitwärts drohend da und warf einen scharfen Schatten. Das Laub rauschte auf. Warum reagieren wir darauf wie auf etwas Schönes, fühlte er... Und überließ sich gleich darauf willenlos diesem ruhigen Rauschen, das ein wenig traurig war, aber Hohes ahnen ließ und die Brust weiter machte..." Als wäre das glückliche Pärchen hier abgestiegen.

Hafendorf Rheinsberg mit Wellnesshotel

Unweit des Rheinsberger Stadtzentrums, am rechten Seeufer des Rheinsberger Sees und mit direkter Anbindung zum Grienericksee ideal gelegen, befand sich schon in den Jahren der DDR eine der größten Urlaubssiedlungen der Region. Nach 10-jähriger Planungs- und Bauentwicklung konnten 2002 die ersten Urlauberhäuser als Prototypen den erlebnishungrigen Touristen vorgestellt werden. Bevor die Anlage in Betrieb genommen werden konnte, gab es allerdings noch einiges zu tun: Am 30.10.2002 erfolgte die Sprengung des 11-stöckigen Haupthauses – begleitet von 3.000 Zuschauern und nach der vorherigen Umsiedlung der „Hausbesetzer" in das deutschlandweit erste Fledermaushotel. Heute steht hier eine große Hafenbeckenanlage zur Verfügung. Das Hafendorf Rheinsberg hat den Ruf, ein Konzept umgesetzt zu haben, wie es bis jetzt in

Der Leuchtturm im Hafendorf Rheinsberg

Deutschlands Urlaubsregionen einzigartig ist. Die Ferienhäuser liegen direkt am Hafen und sind sehr familienfreundlich eingerichtet. Die Urlauber können hier Fahrräder mieten, den Bootsführerschein machen (benötigt wird lediglich der Charterschein - siehe Info-Teil) und mit einem Schiff die Rheinsberger Seenlandschaft entdecken. Selbstverständlich sind auch Gastlieger gerne gesehen. Natürlich kann man hier auch angeln: Die Angebote der Freizeitbeschäftigungsmöglichkeiten sind sehr vielfältig und werden ständig weiter ausgebaut.

Angebot ↗ Seite 118

AUSFLUGSEMPFEHLUNGEN:

- Auto: Wittstock (historischer Stadtkern, mittelalterliche Burganlage/Bischofssitz)
- Rad: Rheinsberg - Fürstenberg - Wesenberg, Zechlinerhütte: Wegener-Museum, Dorf Zechlin: Mühlenmuseum
- Fuß: Zur Holländer Mühle und weiter zum Wartturm (genannten) „Leuchtturm“, den Zahlencode zum Betreten des südlich der Stadt gelegenen Aussichtsturms bekommt man in der Touristinformation Rheinsberg.

Zühlen

Wie soll es in dieser Gegend anders sein, auch Zühlen hat seinen eigenen Haussee - den **Schulzensee**. Auf der Straße nach Binenwalde gelegen, ist von dem stillen Örtchen wenig überliefert. Erstmalig 1422 als „Czulen", wurde der Ort 1525 in Zülen umbenannt. Im späten Mittelalter wurde dann die Kirche des Ortes gebaut: ein rechteckiger, mit Backsteinkanten verzierter Feldsteinbau, an dessen Westseite sich ein verbretterter Anbau befindet, über den sich ein Holzturm mit pyramidenförmigem Dach erhebt (1686). Die schlichte Innenausstattung stammt aus dem gleichen Jahrhundert. Im Sommer findet jedes Jahr der Zühlener Viehmarkt statt.

Schulzenhof bei Dollgow und Erwin Strittmatter

Schulzenhöfe gibt es viele, denn entweder wohnte hier eine Familie namens Schul(t)ze - ein Name, der doch relativ häufig ist, oder es war der Hof des Schulzen, also des Dorfpolizisten bzw. Bürgermeisters. Auf diesem Schulzenhof lebte einer der bedeutendsten Autoren nicht nur dieser untergegangenen, sondern auch aller anderen deutschen Republiken - einschließlich der existierenden.

Erwin Strittmatter (1912–1994)

Erwin Strittmatter, geboren 1912 in Spremberg. Kindheit in Bohsdorf/ Lausitz. 1924 bis 1929 Besuch des heute nach ihm benannten Gymnasiums in Spremberg. Bäckerlehre in Spremberg und Pretzsch (Elbe). 1932 Bäckergeselle in Kahren bei Cottbus und in der väterlichen Bäckerei. Kurzfristige Verhaftung durch die SA. Von 1935 bis 1938 Pelztierzüchter in Dinslaken, Tambach (Oberfranken) und Saalfeld. Anschließend Hilfsarbeiter in der Zellwollfabrik Schwarza bei Rudolstadt. Erste Ehe (zwei Söhne). Soldat der deutschen Wehrmacht in Jugoslawien, Karelien, Griechenland. 1944 in Berlin. Vor Kriegsende Desertion nach Böhmen. Rückkehr über Saalfeld nach Bohsdorf. Amtsvorsteher. Zweite Ehe (zwei Söhne). Zeitungsredakteur in Senftenberg. Erste Roman-Veröffentlichung (1951 „Ochsenkutscher"). Mitglied des Berliner Ensembles, Autorenfreundschaft mit Bertolt Brecht. Auf Vorschlag Brechts 1953 Nationalpreis der DDR – Dritter Klasse. Ehe mit der Lyrikerin Eva Strittmatter (drei Söhne). 1954 Übersiedlung nach Schulzenhof bei Gransee und zweiter Roman „Tinko" erscheint. 1959 Sekretär, später Vizepräsident des Schriftstellerverbandes der DDR. Trotz heftiger Auseinandersetzungen mit der DDR-Führung weiterhin hohe Ehrungen. Mitte der 1960er-Jahre fast völliger Rückzug aus der kulturpolitischen Öffentlichkeit. Erfolgreicher und angesehener

Pferdezüchter. Seine Romane „Der Wundertäter" (Teile I.–III.), „Ole Bienkopp" oder „Der Laden" (Teile I.–III.) und seine Erzählungen „Der Schulzenhofer Kramkalender", „¾ hundert Kleingeschichten", „Die blaue Nachtigall oder Der Anfang von etwas", „Ein Dienstag im September" und „Selbstermunterungen" werden zu Millionenerfolgen und in über vierzig Sprachen übersetzt. 1998 Verfilmung „Der Laden" durch den damals noch unbekannten Regisseur Jo Baier. Erwin Strittmatter stirbt Ende Januar 1994, wenige Wochen nach seinem Sohn Matthes. Beide sind auf dem Schulzenhofer Friedhof beerdigt. Eva Strittmatter folgte im Jahre 2011.

Menz

Wer sich die Zeit nimmt und auf das Dorf Menz ruhigeren Schrittes zustrebt, der wird an den eben erwähnten Strittmatter erinnert: „Hinterm Straßengraben beginnt das Feld, macht sich breit und ist so lang, dass einem die Augen tränen, wenn man zum hellen Horizont hinschaut, um festzustellen, wo es aufhört. Der Raum über dem Feld ist an diesem Tag ein von Sonne aufgehelltes Schwarz, also schlicht blau, einfach, und er gehört, weil man die Sterne nicht sehen kann, hauptsächlich den Lerchen und den Flugzeugen". Genauso sieht es hier aus! Der **Wallberg** ist eis-

Natur erfahren im NaturParkHaus

zeitlich entstanden und war früher eine Insel. Durch den Ausbau des Polzowfließes zum Floßkanal kam es zu einer Seespiegelabsenkung. Die Flachwasserbuchten des Roofensees wurden zu Feuchtwiesen und der Wallberg somit zu „Festland". Die aus Feldsteinen errichtete **Kirche** des Ortes wurde 1585 vollendet, der Westturm stammt aus dem Jahre 1772.

Ebenfalls sehenswert sind die historischen **Hofanlagen** am Friedensplatz und die 1550 erbaute alte Wassermühle, von der allerdings nur noch Rudimente erhalten sind. Kreativität im künstlerischen sowie kulinarischen Sinn, gepaart mit der Lehre des Feng Shui bietet der **Künstlerhof Roofensee**. Allein der Garten ist eine Entdeckung wert.

NaturParkHaus Stechlin
Im **NaturParkHaus Stechlin**, dem Besucherzentrum des Naturparks Stechlin – Ruppiner Land, erfährt man auf 500 Quadratmetern Ausstellungsfläche viel Interessantes über die heimische Natur. Für den 12 Kilometer langen Moorerlebnispfad von „Moor zu Moor" gibt es Informationen und eine Begleitbroschüre. Das Erlebnishaus, das vor allem junge Besucher durch interaktive Elemente anregt, das Verhältnis zu Umwelt und Natur neu zu bestimmen und das eigene Wissen zu erweitern, ist bei den Kindern der Renner. Wann hat Junge und Mädchen denn schon einmal die Möglichkeit, mit dem Specht oder dem Kranich zu telefonieren?

Gut und Herrenhaus Zernikow

„Nach meiner Ansicht gibt es keine sichere Regel als die, niemals auf Leute zu hören, wenn sie einem bezüglich dessen, was es in ihrer eigenen Nachbarschaft Sehenswertes gibt, negativen Rat erteilen oder einem vom Besuch abraten", schrieb der englische Reisende Hamilton in seinen Aufzeichnungen. Der Brite wollte damals unbedingt von seinem Rheinsberger Quartier zu Fuß nach Zernikow - eine Tour, die man heute wohl besser mit dem Fahrrad unternimmt. Das war damals bekanntlich noch nicht erfunden, und so setzte sich der Brite per pedes in Bewegung, auch wenn „alle Welt, selbst der Ortsgeistliche mit einbegriffen, mir dringend geraten hatten, dies nicht zu tun. Es seien, sagte man mir, drei Stunden strammen Marsches auf einem der härtesten und langweiligsten Wege der ganzen Gegend (...) Zernikow sei ‚absolut nichts'."

Dass Zernikow bereits 1365 erstmals als „festes Haus" eines Ritters selben Namens erwähnt wurde, wusste der englische Reisende Hamilton sicherlich nicht, aber er hatte Fontane gelesen:

„In der Nähe von Boberower Wald und Huwenowsee liegt noch ein anderer Güterkomplex, der durch den Aufenthalt des Kronprinzen Friedrich zu historischem Ansehen gelangt ist - ich meine die sogenannten Fredersdorffschen Güter, die Friedrich der Große, beinahe unmittelbar nach seiner Thronbesteigung, seinem Kammerdiener Fredersdorff zum Geschenk machte".

Das Herrenhaus von Gut Zernikow

Das Gut Zernikow wurde inzwischen saniert (Restaurierung und Sanierung sind noch nicht abgeschlossen) und besteht aus dem Inspektorenhaus, Herrenhaus, der Alten Brennerei, Stellmacherei, dem Rinder- und dem Schafstall und der Schmiede, die unterschiedlicher Nutzung auch gastronomischer dienen. Jährlich zum Ritterfest am zweiten Samstag im Juni dient die Schmiede ihrem ursprünglichen Zweck, dann glüht das Eisen und der Schmied zeigt sein Handwerk.

Herrenhaus Zernikow

Das Gutshaus wurde von keinem Geringeren als Georg Wenzeslaus von **Knobelsdorff** entworfen und 1746–48 gebaut. Der Bauherr war der bereits oben erwähnte Kammerdiener, dessen durchaus erstaunliche Karriere an dieser Stelle kurz umrissen werden soll. Fredersdorff, als Sohn des Garzer Stadtpfeifers geboren, trat als junger Mann in die militärischen Dienste der Schweriner Grafen. In Frankfurt an der Oder musizierte der Soldat in seiner Freizeit mit den dortigen Stadtpfeifern und wurde deshalb für ein Flötenständchen zu Ehren des vor Ort weilenden Kronprinzen Friedrich engagiert. Und Fredersdorff hatte das Glück im richtigen Moment an der richtigen Stelle zu sein: „Da er (der Prinz – d. A.) an dem Mann überhaupt Gefallen fand, ersuchte er den Grafen von Schwerin, dem Füsilier die Entlassung aus dem Dienst zu bewilligen", wird der Karrierebeginn beschrieben. Nach der Thronbesteigung Friedrichs wird Fredersdorff zum Geheimen Kämmerer Seiner Majestät befördert und erhält 1740 das damals noch unbedeutende Gut, die „vernachlässigte Sandscholle", geschenkt. Auch wenn „Fredersdorff bei seinen Zeitgenossen weder beliebt gewesen noch von ihnen bewundert worden ist und man ihn für einen Menschen von selbstsüchtiger, habgieriger Gesinnung hielt", scheint er doch etwas vom Wirtschaften verstanden zu haben. Es wurden Ziegelbrennereien errichtet, die zuerst einmal die Steine für das eigene Herrenhaus brannten. Später ließ man Maulbeerbäume anpflanzen, deren Blätter den Seidenraupen als Leibspeise dienten und deren gesponnene Seidenfäden gleich vor Ort verarbeitet wurden. Schließlich wurde in einer Brauerei der Gerstensaft ins legendäre „Fredersdorffer" verwandelt. Das Bier erfreute sich in Berlin großer Nachfrage und Beliebtheit. Die Anschubfinanzierung für die kleine Industrie erhielt der clevere Flötist aus seiner Ehe mit Mademoiselle Caroline Marie Elisabeth Daum, der einzigen Tochter und Erbin eines Potsdamer Bankiers. Ebenfalls als recht einfallsreich erwies sich der Geheime Kämmerer als es um die Bewilligung seiner Eheschließung ging. Sein Chef verweigerte diese (wie bei vielen anderen auch) – und Fredersdorff wurde auf der Stelle krank. So krank, dass der Geistliche an sein Bett gerufen wurde. Der König ließ sich erweichen – der Sterbende sollte nun doch noch die Ehesakramente erhalten: „So fand die Trauung statt, und der junge Ehemann wurde wieder gesund", wird die höchst erstaunliche Auferstehung von einem Chronisten beschrieben. Viel genützt hat es dem Geheilten nicht, denn bereits acht Jahre später (1758) starb er vermutlich an den Folgen seiner Alchemieexperimente. Der Gattin erging es wesentlich besser: sie heiratete zwei Jahre später erneut, beerdigte diesen Gatten 1776 und ließ die beiden Verblichenen ein Jahr später in die extra gebaute Erbgruft überführen; allerdings erhielt nur Mann Nr. 1 die heute noch gut erkennbare Gunst, namentlich über dem Eingangsgiebel erwähnt zu werden.

Die bereits 1786 in den Rang einer Freifrau erhobene Caroline von Labes starb im Jahr 1810 und wurde neben ihren Männern und der Jahre zuvor verstorbenen Tochter in der Begräbnisstätte beigesetzt. Letztere hatte in eine bekannte Familie eingeheiratet – so dass nachdem die Gruft vollständig besetzt war, Achim und Bettina von Arnim das Gut erbten; ohne dass die Romantiker jemals hier gewohnt hatten. Während Fontane die reich geschmückten und mit Glasscheiben über den Gesichtern versehenen Särge noch gesehen hatte, wurde das

Hamilton zehn Jahre später verwehrt: „In der Nähe der Kirche liegt ein Gruftgewölbe mit schweren Gittertoren, welche, so sollte man meinen, seit Menschengedenken nicht mehr geöffnet worden sind." Die Kirche Zernikows steht im Mittelpunkt des kleinen örtlichen Friedhofs, auf dem sich auch das sogenannte „Erbbegräbnis" befindet. Die Toten wurden nach 1945 auf dem örtlichen Friedhof beigesetzt – ob mit Schmucksärgen oder ohne ist nicht bekannt. Inzwischen wurde das Gebäude saniert und kann besichtigt werden. Die Gittertore bestehen aus geschmiedeten Stäben, so dass man hindurch sehen kann.

Die 1777 barockisierte Feldsteinkirche aus dem 13. Jahrhundert ist sehenswert. Ebenso wie die Zernikower Alleen, die jeweils mit Buchen, Linden, Ulmen, Pappeln und Kastanien vor mehr als 200 Jahren gepflanzt wurden.

Erhalten geblieben sind keine 20 Exemplare der vor über 200 Jahren gepflanzten 8.000 Maulbeerbäume – zu sehen auf der Straße nach Burow. Diese Bäume wurden gepflanzt, um deren Blätter als Futter für die Seidenraupen zu gewinnen. Die Zucht und Verarbeitung der Tiere wurde in Preußen auf königlichen Befehl Friedrichs II. eingeführt. Heutzutage informiert eine Ausstellung im Herrenhaus über diese historischen Umstände und den Lebenslauf des Maulbeerseidenspinners (Bombyx mori). Dass man nicht nur die kleinen Raupen mit den Maulbeerblättern füttert, sondern auch die Früchte zu köstlichen Dingen verarbeiten kann, haben die Zernikower ebenfalls entdeckt. Zu Ehren dieses Baumes findet jährlich am ersten Augustsamstag das Maulbeerfest statt.

In der Alten Brennerei gibt es wechselnde Kunstausstellungen zu betrachten. Der Miniaturenpark zeigt unter anderem Modelle der Schlösser Dannenwalde, Wiepersdorf, Oranienburg, Zehdenick und Löwenberg. Das Ruppiner Tor in Gransee und das Gut Boltenhof sind ebenfalls vertreten.

Köpernitz

Das ehemalige Gutshaus Köpernitz hat sich in den letzten Jahren zu einem Kleinod für Preußen- und Fontane-Fans gemausert. Es atmet noch heute lebendige Geschichte. Und das vor allem wegen einer schönen Frau, die ihm letztlich Glanz und Reputation verliehen hat: Caroline Amalie Marie de La Roche-Aymon. Geborene von Zeuner – Tochter des Hofmarschalls des Königs, Friedrich Wilhelm II.; Hofdame der Prinzessin Friedericke, Schwe-

Das Gutshaus Köpernitz – ein architektonisches Kleinod

ster der späteren Königin Luise; Frau des Grafen de La Roche-Aymon, des letzten Adjutanten des Prinzen Heinrich von Preußen und nicht zuletzt Gutsherrin von Köpernitz, die das Haus bis zu ihrem Tode 1859 gut zu führen wusste. Theodor Fontane brachte ihre Meriten und ihren Lebensstil wohl am besten auf einen Nenner, wenn er schreibt: „Die Marquise... war eine stolze, selbstbewußte Frau. Herrschen und ein großes Haus machen, waren ihre zwei Leidenschaften. Je mehr Kutschen vor dem Hause hielten, desto wohler ward ihr ums Herz, und je mehr Lichter im Hause brannten, desto hellere Funken sprühten ihr Geist und ihre gute Laune."

Als Theodor Fontane Ende September 1873 in Köpernitz zu Besuch war, hat er sicherlich davon noch etwas gespürt. Wären sonst die Kapitel „Graf und Gräfin La Roche-Aymon" und „Köpernitz" so umfangreich, so detailgetreu und von solch ansprechender Erzählkraft geworden? Wenn man heute als Besucher das Haus besichtigt, dann kann man insbesondere im wieder hergerichteten Gartensalon seine Schilderungen über das „einladendste Zimmer des Hauses" wunderbar nachvollziehen. Was lag also näher, als diesen durch den dort agierenden Förderverein so einzurichten, dass man darin Kunst und Kultur erleben, aber auch schöne Feste feiern kann.

Was die „Männer“ der Gräfin anbelangt, so flogen sie offenbar auf sie, weil sie „... von weißesten Taint (war) und, als besondere Schönheit, eine solche Fülle blonden Haares (besaß), daß es, wenn aufgelöst, bis zu den Knien herabfiel und sie wie ein goldener Mantel umhüllte.“ Fontanes „Prinzessin Goldhaar“ beeindruckte so den jungen Grafen La Roche-Aymon ebenso wie den Prinzen Heinrich, „... der sich ihrer Gegenwart überhaupt, alles bewundernd, ihre Augen, ihren Witz...“ am Rheinsberger Hofe erfreute. Auch sein Lieblingsneffe, Prinz Louis Ferdinand von Preußen, erlag so ihrem Liebreiz und Charme, dass es fast zu einem Duell zwischen ihm und dem Ehemann gekommen wäre. Später, König Friedrich Wilhelm der IV., ließ kaum einen Besuch in Rheinsberg oder Neuruppin verstreichen, ohne ihr einen Besuch abzustatten und sich an ihren kulinarischen Köstlichkeiten zu laben. Aus dem Austausch von leckeren Wurstwaren von der Gräfin und Schmuck des Königs hat Theodor Fontane die köstliche „Wurst wider Wurst – Geschichte“ geformt, die sowohl in den „Wanderungen“ als auch in seinem letzten Werk, „Der Stechlin“, ihren Niederschlag gefunden hat. Überhaupt muss Fontane selbst sehr von ihr eingenommen gewesen sein, denn schon in seinem ersten Roman „Vor dem Sturm“, hat er ihr ein Denkmal gesetzt. Dass Köpernitz ein Anziehungspunkt für Preußen- und Fontane-Fans ist, ist also nicht zu hoch gegriffen.

Hinzugekommen sind inzwischen mehrere in denkmalgerechten Farben gestaltete Räume, Ausstellungen zur Hausgeschichte und Köpernitzer Ansichten von einem Dutzend Künstlern gemalt, ein liebevoll gestalteter Ausschnitt des Parks und übers Jahr ein interessantes, dem Ambiente des Hauses angemessenes Kulturprogramm. Man sollte jedoch Köpernitz nicht verlassen, ohne dem historischen Waldfriedhof, gleich in der Nähe (gut ausgeschildert) gelegen, einen Besuch abzustatten. Eine informative Tafel hilft, sich in der Zeuner'schen Erbgrabanlage zurechtzufinden, auch richtig zu verstehen, warum Ferdinand von Bredow, 1934 von den Nazis ermordet, dort ebenfalls seine letzte Ruhestätte gefunden hat. Waren da nicht im Gutshaus neben den Wappen der von Zeuners und der La Roche-Aymons auch das der von Bredows zu sehen? Richtig. Das Gutshaus Köpernitz ist ehedem aus einer Bredow'schen Meierei, bestehend schon im 16. Jahrhundert, hervorgegangen.

Es erwartet den Besucher also ein Haus mit langer, abwechslungsreicher Geschichte, das sich auch heute wieder als Gemeindezentrum und Kultur-Gutshaus eines regen Besuches erfreut. Sollten Sie einmal unter der Zeit dort Halt machen, so ist es durchaus möglich, dass sich bei einem Telefonruf unter 033931/37855 die Tür des Hauses öffnet und Sie eine gesonderte Führung erhalten. Vielleicht haben Sie Glück.

Bernd Donner

Neuglobsow und der Große Stechlinsee

„Im Norden der Grafschaft Ruppin, hart an der mecklenburgischen Grenze, zieht sich von dem Städtchen Gransee bis nach Rheinsberg hin (und noch darüber hinaus) eine mehrere Meilen lange Seenkette durch eine menschenarme, nur hie und da mit ein paar alten Dörfern, sonst aber ausschließlich mit Förstereien, Glas- und Teeröfen besetzte Waldung. Einer der Seen, die diese Seenkette bilden, heißt ‚der Stechlin'", so der erste Satz im ersten Kapitel aus Fontanes letztem großen Roman.

Über den Roman selbst, urteilte der Romancier nüchtern: „Zum Schluß stirbt ein Alter, und zwei Junge heiraten sich; – das ist so ziemlich alles, was auf 500 Seiten geschieht. Von Verwicklungen und Lösungen, von Herzenskonflikten oder Konflikten überhaupt, von Spannungen und Überraschungen findet sich

Am Großen Stechlinsee

nichts." – heißt es in einem Brief an Adolf Hoffmann, den Verleger der Stuttgarter Halbmonatszeitschrift „Über Land und Meer", in welcher der Roman als Fortsetzungsserie erschien und dessen Herausgabe in Buchform Fontane nicht mehr erlebt hat.

Er (der Stechlin!) soll wie die erste Liebe sein, die man zwar verlässt, aber nie vergisst – heißt es über den Stechlin. Das scheint zu stimmen – schließlich erlag selbst der in seinen Reisebeschreibungen wenig romantische Fontane den seltsamen Reizen dieses merkwürdigen Sees: „Da lag er vor uns, der buchtenreiche See, geheimnisvoll, einem Summen gleich, den es zu sprechen drängt. Aber die ungelöste Zunge weigert ihm den Dienst, und was er sagen will, bleibt ungesagt... Zwischen flachen, nur an einer einzigen Stelle steil und quaiartig ansteigenden Ufern liegt er da, rundum von alten Buchen eingefaßt, deren Zweige, von ihrer eigenen Schwere nach unten gezogen, den See mit ihrer Spitze berühren", schreibt der alte Fontane. Das hört sich nach elegischen, nach melancholischen Gemütsbefindlichkeiten an.

Was für den Herbst und für das Frühjahr durchaus richtig ist, gilt für die Sommermonate an sehr heißen Wochenendtagen weniger. Dann kann es schon mal voller werden. Bade- und Sonnenhungrige aus dem nahen, bis nach Berlin reichenden Umland genießen das stets kühle Nass des Stechlinsees. **Noch ein Hinweis:** Wer mit seinem eigenen Boot auf dem Stechlinsee rudern oder segeln möchte, braucht eine Registrierung. Einfacher ist es da, sich ein Boot zu leihen.

Die Sage vom Stechlinsee

Um den Stechlinsee ranken sich viele Geschichten, mitunter auch abenteuerliche und schaurige. „Als das Lissabonner Erdbeben war, 1755, waren hier Strudel und Trichter, und stäubende Wasserhosen tanzten zwischen den Ufern hin. Der Stechlin geht vierhundert Fuß tief, und an manchen Stellen findet das Senkblei keinen Grund. Und Launen hat er, man muß ihn ausstudieren wie eine Frau...Die Fischer selbstverständlich kennen ihn am besten. Hier dürfen sie ihre Netze ziehn, und an seiner Oberfläche bleibt alles klar und heiter, aber zehn Schritte weiter will er's nicht haben, aus bloßem Eigensinn, und sein Antlitz runzelt und verdunkelt sich, und ein Murren klingt herauf. Dann ist es Zeit, ihn zu meiden und das Ufer aufzusuchen. Ist aber ein Waghals im Boot, der's ertrotzen will, so gibt's ein Unglück, und der Hahn steigt herauf, rot und zornig, der unten auf dem Grund des Stechlin sitzt, und schlägt den See mit seinen Flügeln, bis er schäumt und wogt und greift das Boot an und kreischt und kräht, daß es die ganze Menzer Forst durchhallt von Dagow bis Roofen und Alt-Globsow hin." Auch wird erzählt, dass bei jedem großen Erdbeben auf dieser Welt, der Rote Hahn aus dem See steigt: „Wenn in der Welt draußen etwas los ist, wenn auf Island oder auf Java ein Berg Feuer speit und die Erde bebt, so macht der Stechlin die große Weltbewegung mit und sprudelt und wirft Strahlen und bildet Trichter." Ob es wahr ist? Bedauerlicherweise findet dieses Spektakel nicht mehr statt und der Rote Hahn ist nur noch im Wappen von Neuglobsow zu finden, aber wie bei fast allen Sagen, stimmt auch hier vieles.

Seiner eiszeitlichen Entstehung verdankt der See seine außergewöhnliche Tiefe von fast 70 Metern. Das erwähnte plötzliche Schäumen und Wogen nennen die Wissenschaftler sehr prosaisch: hochgradig windexponiert. Zumal bei Westwind! In minutenschnelle nimmt dieser zu und die Böen jagen plötzlich über die Wasseroberfläche. Schnell bilden sich Schaumkronen und es ist absolut keine Kolportage, wenn es heißt: „Gischt steigt auf; und bricht sich am Steilufer, das wie eine Nase in den See hineinragt, dann wird er tückisch, Windwirbel entstehen, und haushohe Fontänen tanzen in irren Kreisen über das Wasser. Wer da auf dem See ist, kann es den Altvorderen nachempfinden, die die Sage vom Roten Hahn erdichteten." Wenn der Bootsverleiher also auf den herrschenden oder kommenden Wind hinweist und seiner Berufsverpflichtung scheinbar nicht nachkommt, so sollte man dessen Erfahrungen trauen – und sich von ihm, sicher am Ufer stehend, weitere Geschichten erzählen lassen.

Der Rat eines Berufswanderers

Und was ist mit dem sagenhaften Roten Hahn? Poetisch ambitionierte Leser möchten die folgenden Zeilen überspringen. Alle anderen sollte den Untersuchungsergebnissen einer Gruppe von DDR-Meeresbiologen folgen: „Auf dem Seeboden bildete sich durch die Verwesung abgesunkener organischer Stoffe das brennbare Sumpfgas Methan. In alten Zeiten fischte man vielfach in der Nacht beim Schein brennender Kienfackeln (um die Fische besser anzulocken - d. A.). Aufsteigende Blasen von Methan, durch die Netze in der Tiefe freigelegt, dürften sich explosionsartig an den Fackeln entzündet und somit Veranlassung zur Sage vom Roten Hahn gegeben haben." Was früher nur Experten vorbehalten war, können heute, Gesundheit und Kleingeld vorausgesetzt, auch Interessierte erleben. Es gibt eine Tauchschule, die auch Eleven in die großartige Unterwasserwelt eines der klarsten Gewässer Norddeutschlands begleitet.

Das Fontanehaus in Neuglobsow

Wem das zu gefährlich oder zu nass ist, der kann in Neuglobsow andere Erkenntnisse gewinnen. Wie in der **Touristinformation Stechlin** im Glasmacherhaus in der Stechlinseestraße 21, einen über 200 Jahre alten Fachwerkbau. Die auskunftsfreudigen Damen sind ebenso geschult wie freundlich. Der gut sortierte Museumsladen bietet gläserne Liebhaberstücke, Bücher (allem voran Fontanes Stechlin) sowie Prospekte, Flyer sowie Karten aus der Umgebung. Auch wenn man der abertausendste Besucher ist, der die Frage stellt: „Wir sind ja jetzt in Neuglobsow - wie kommen wir dann jetzt in den Ort Stechlin?", dann werden die Damen hinter dem Tresen immer noch lächeln und erklären:

der Ort Stechlin war bereits zu Fontanes Zeiten von der Landkarte verschwunden – der Name hat sich nur in dem des Sees erhalten. Das heute als „Stechlin" bezeichnete Gebiet ist eine erfundene Region, die es weitgereisten Besuchern erleichtern soll, hier an den See zu finden.

Neuglobsow war lange Zeit ein Zentrum der Glasherstellung. „**Grüne Hütte**" hört sich zwar nach edler Glasbläserzunft an, aber was im **Glasmacherhaus** gezeigt wird, sind dann doch eher profane Flaschen – aber grün! Die Ausstellung „Zwölf Geschichten vom Glas" führt mit einer Zeitreise ab dem Jahr 1779 bis in das Jahr 1890. Den Besucher erwarten Fibeln (für die Kleinen) und Geschichten (für die Großen) mit Erzählungen von Leuten aus der Zeit der „Grünen Glashütte". Viel Interessantes rund um die Geschichte dieser und anderer Glasmanufakturen ist ausgestellt.

Wer nach dem Besuch wieder etwas Fontane benötigt, der sollte das gegenüberliegende Fachwerkhaus, heute Gasthaus und Pension, aufsuchen: „Wer goder Meinung kommt herin, der soll mer ganz willkommen sin!", steht unter dem Dachfirst – und ist auch so gemeint. Die Fischspezialitäten sind ehrlich zu empfehlen. Natürlich soll Fontane hier dereinst gespeist und sein müdes Haupt gebettet haben – ob das bereits im September 1873 während seines ersten Aufenthalts möglich war, sei dahingestellt. Auch wenn es manchmal den Eindruck macht, dass die Hiesigen mit dem (ungeschützten) Namen des Berufswanderers seit Anfang der 1920er-Jahre, ihren Reibach ma-

Im Glasmacherhaus sind die Touristinformation und die Glasmacherausstellung untergebracht.

Blick in die Glasmacherausstellung: Ballon aus Waldglas

chen, wissen sie auch, was sie diesem zu verdanken haben. Nur von dessen Schilderungen angeregt, kamen die ersten Künstler und die ersten Sommergäste hierher. Bescheidene Unterkünfte wichen bald mondäneren. Selbst die Großindustriellen der Gründerzeit ließen sich hier nieder. Und was man eventuell für das Schloss des früher hier herrschenden Edlen Herrn Dubslav von Stechlin halten könnte, ließ sich der Besitzer der Berliner Müllabfuhr bauen.

Das im Roman beschriebene Schloss hat es nicht wirklich gegeben. Vermutlich sind es die preußischen Schlösser, die Fontane im Laufe seines Lebens besucht hatte, die ihn inspirierten. Und so ist es wohl eine Mischung aus Anerkennung und Werbung, welche die Leute hier umtreibt, den Namen so oft zu gebrauchen. Im Ort gibt es noch eine kleine, allerdings neueren Datums erbaute Kirche. So wie Fontane und die nachfolgenden Besucher immer auf freundliche und hilfsbereite Neuglobsower trafen, der bereits zitierte Engländer machte ganz andere Erfahrungen: „Bei meiner Ankunft hockte buchstäblich die gesamte Einwohnerschaft, Männer, Weiber und Kinder (es war zwei Uhr nachmittags), auf den Türschwellen oder auf dem Erdboden vor ihren Häusern und schauten mürrischen Bli-ckes auf den Störenfried.(...) Die Dörfler, schienen nicht übel Lust zu haben, mit Steinen nach mir zu werfen. Während sie sich die Sache noch überlegten, ging ich davon." Allerdings fand er noch eine entzückende Beschreibung des Sees, dessen Faszination sich auch Hamilton nicht entziehen konnte. **Tipp:** Das Stechlinseefest am ersten August-Samstag zeigt die Gastfreundschaft der Hiesigen.

AUSFLUGSEMPFEHLUNGEN

- Auto: Gransee: Historische Altstadt; Fürstenberg: Historischer Stadtkern, Pfarrkirche (1848), barocke Schlossanlage
- Fahrrad oder Auto: Fürstenberg/Havel; Rheinsberg
- Fahrrad: **Himmelpfort**, Menz, Rheinsberg, Fürstenberg, Rund um den Stechlinsee, Kleine Fontaneerlebnistour: Fürstenberg – Steinförde – Neuglobsow – Fürstenberg (25 km)
- Fuß: Entlang dem Ufer des Stechlins (Mordbuche am Ostufer bis Mönchseichen am Westufer)

Ruppiner Schweiz

Zwischen **Binenwalde** und dem Städtchen **Alt Ruppin** erstreckt sich ein Gebiet, das als die Ruppiner Schweiz bezeichnet wird: „Die Schweizen werden immer kleiner, und so gibt es nicht bloß mehr eine Märkische, sondern bereits auch eine Ruppiner Schweiz" lästert Fontane – aber bescheinigt ihr auch „Schönheit", für den, der „ein freundlich-aufmerksames Auge mitbringt". Binenwalde, wenige Kilometer südlich von Rheinsberg am **Kalksee** gelegen, ist so etwas wie das Tor zu dieser Schweiz, die im Gegensatz zu dem Landstrich eidgenössischer Provenienz weniger von himmelstürmenden Bergen und schokoladeherstellenden Bauern wimmelt, als viel mehr in Ruhe und ländlicher Getragenheit schwelgt. Und gar artig reimt der Berufsreisende aus Berlin seinen Vers, damit sich die Buben und Mägde in den Volksschulen ganz Preußens die geographischen Eckdaten der Ruppiner Schweiz einprägen können:

Und fragst du doch: „Den vollen Reiz,
Wo birgt ihn die Ruppiner Schweiz?
Ist's norderwärts in Rheinsbergs Näh?
Ist's süderwärts am Malchow-See?
Ist's Rottstiel tief im Grund kühl?
Ist's Kunsterspring, ist's Boltenmühl?
Ist's Boltenmühl, ist's Kunsterspring?
Birgt Pfefferteich den Zauberring?
Ist's Binenwalde?" – Nein, o nein,
Wohin du kommst, da wird es sein,
An jeder Stelle gleichen Reiz
Erschließt dir die Ruppiner Schweiz.

Binenwalde

Auf einem sehr komfortabel ausgebauten Wald- und Feldweg gelang man von Zühlen und dem Schulzensee nach Binenwalde am Kalksee. Auch wenn der Ortsname auf der ersten Blick falsch geschrieben scheint – das „vergessene E" hat seine Berechtigung. Natürlich produzieren die Waldbienen einen sehr wohlschmeckenden Honig, dieser Ortsname geht aber auf eine andere „Köstlichkeit" ohne langes „I" zurück – auf eine schmucke, unverdorbene Maid namens Sabine. Das herzensgute Geschöpf habe, so die Sage, eine Liaison mit Kronprinz Friedrich gehabt, die zwar in höchstem Maße unschuldig, trotzdem nicht weniger amourös gewesen sein soll.

Die Sage vom König und Sabine

In der Erzählung eines gewissen M. Ludolfs liest sich das so: „Eines Spätnachmittags war Sabine weiter als gewöhnlich dem Bache nachgegangen in den Wald hinein und die Sonne sank schon golden jenseits des Sees hinter dem Forsthaus nieder, als sie aus dem Waldesdickicht tretend, merkwürdig melodische Töne, in ihren Gesang einfallend, vom Seeufer hörte." Die verlockenden Töne sollen der Flöte Friedrichs entschlüpft sein, der sich dann über viele Tage hinweg, am Ufer des Sees mit der Försterstocher getroffen habe: „Und ihm schien es eine Wohltat, sich da im einsamen Walde, wo nur das Schilf und die Vögel, die alten Kiefern und die junge Tochter der märkischen Heide ihm lauschten – sich da einmal alles von der Seele zu sprechen, hier gab es keine Horcher und Spione, nicht Verdacht und Mißgunst, nicht Neid und Verrat." Mal zu Pferde, mal mit der Kutsche kam der Prinz zu dem unschuldigen Stelldichein: „Ihre Naivität und ihre Heiterkeit, das plaudernde Fünfgroschenmündchen und die klaren Augen, das alles gewann ihr das Herz des fremden Flötenspielers, der doch selbst noch so jung, schon alle Last des Lebens, der Verantwortung und der Pflicht kennengelernt hatte." Ach ja – und so geht es einige Seiten lang weiter – der Prinz erzählt von Kattes Hinrichtung, seinen Reisen, seinem Hof und dem furchtbaren Vater. Natürlich immer als die Geschichte eines anderen. Das Mädchen, dass „dem Harrenden in die Arme flog", hörte zu und staunte. Tapfer lehnte das Mädchen alle Einladungen des Fremden, nach Rheinsberg oder sogar Berlin ab – sie wollte an ihrem See, bei ihren alten Vater bleiben. Schließlich verabschiedet sich der Fremde auf französisch: der Verehrer hinterlässt also ein Bild von sich, nebst einem rührenden Verschen und „dann war er nicht wiedergekommen, nicht am folgenden Tage und nicht am nächstfolgenden und auch an keinem anderen". Soweit die Geschichte.

Von Fontane in den „Wanderungen" erzählt („Die schöne Sabine aber stand lächelnd aufrecht im Kahn, das Ruder mit raschem Schlage führend..."), nahm sich Maria Gumprecht, Witwe des Kompagnons vom Bilderbogenhersteller Gustav Kühn, der rührseligen Geschichte an und veröffentlichte sie 1913 unter dem Pseudonym M. Ludolfs. Der Erfolg war so groß, dass wenige Zeit später die Geschichte in gebundener Form herausgegeben wurde. Das macht die Story nicht wahrer: Kronprinz Friedrich, so der Heimatforscher Wilhelm Bartelt (1855–1934) in seiner ausführlichen Arbeit zu diesem Thema, hätte nur in der Zeit von Juli 1732 bis Mai 1734 zu einem solchen Techtelmechtel seine Schritte an den Kalksee lenken können. Doch hatte der Prinz dafür die Zeit und Muse? Abgesehen davon, dass Friedrich bereits seit Juni 1733 mit Elisabeth Christine von Braunschweig-Bevern (1715–97) verheiratet und zumindest in dieser Zeit noch durchaus von ihr angetan war, bezog der Prinz sein in der Erzählung oft erwähntes Schloss Rheinsberg erst nach dem Frankreichfeldzug im August 1736. Zu dieser Zeit war das unschuldige Försterskind bereits zwei Jahre verheiratet. Sabine Schott aus Zühlen wurde am 15. Februar 1715 geboren, heiratete den Leibjäger des Prinzen, Ernst Ludwig Cusig, brachte fünf Kinder auf die Welt und starb am 4. Dezember 1783. Die häufig kolportierte Geschichte von der Gründung des Gutes Binenwalde (1753) als spätes Liebespfand kann getrost ins Reich der Fabeln verwiesen werden – wie dutzendweise auch, war dies ein Beispiel der damaligen „Peuplierungspolitik“. Und das liebreizende und in Stein gehauene Abbild der Sabine? Der Berliner Uni-Professor Schulz-Schulzenstein ließ es nach freier Phantasie meißeln. Bedauerlicherweise ist die Plastik aus dem Jahre 1843, die im Gutspark Binenwalde stand, im Jahre 1945 zerstört worden. Eine Initiative erreichte, dass im Jahr 2007 eine neue Sabine, gefertigt aus indischem Granit, aufgestellt werden konnte. Das Gutshaus von Binenwalde lädt mit Ferienwohnungen ein.

Aber was zählen schon bei soviel romantischem Flair die historischen Tatsachen – wo es doch so schön zu lesen ist. Noch einmal kurz zum See: es gibt eine wunderschöne Badestelle, an der auch nicht die weißen und grauen, 1 bis 2 Meter starken Kalkschollen auftreten, die früher von einer Binenwalder Kalkbrennerei verarbeitet wurden und dem See wohl seinen Namen gaben. Der See ist geologisch betrachtet ein sogenanntes Toteisloch – und deshalb auch mehr als 20 Meter tiefer, als die ihn umgebenen. Als Wanderer kann man anschließend dem Binenbach folgen. Dieser mäandert sich durch das NSG Ruppiner Schweiz, um an der Boltenmühle in den Tornowsee zu fließen. Fontane, ganz der ruhesuchende Dichter, empfiehlt allerdings: „Ausgestreckt am Hügelabhang, den Wald zu Häupten, den See zu Füßen, so träumst du hier, bis die wachsende Stille dich erschreckt. Mit angespannten Sinnen lauscht du, ob nicht doch vielleicht ein Laut zu dir herüberklinge, und endlich hörst du die Rätselmusik der Einsamkeit.“

Boltenmühle

„Wahrlich, wenn ich nicht Herr von Rheinsberg wäre, möchte ich Müller von Boltenmühle sein, so ein idyllisch schönes Plätzchen“, soll der spätere Friedrich II. gesagt haben. Die auch uns Heutigen so idyllisch vorkommende Boltenmühle,

Die Boltenmühle von vorne...

wurde einst zu einem höchst profanen Zweck erreichtet.

Das wohl bekannteste Ausflugsziel der Ruppiner Schweiz wurde von Hans Joachim Boldte 1718 als Wassermühle gebaut. Die Mühle hat sich sicherlich rentiert - waren doch alle Bauern der Umgebung gesetzlich verpflichtet, hier ihr Korn mahlen zu lassen. Obwohl mit den Jahren auch die Eigentümer wechselten, und das „D“ im Namen verloren ging, wird das als Restaurant und Hotel genutzte Gebäude noch immer nach dem Begründer genannt. Bis 1932 war die Mühle als solche in Betrieb – seit 1939 wird in ihr gespeist und getrunken. Original ist allerdings kaum noch etwas an der Fachwerkmühle, denn im Jahre 1992 ist das gesamte Gebäude abgebrannt und dann wieder aufgebaut und erweitert worden. Heute fließt wieder ein Seitenärmchen des Binenbaches mitten durch das Restaurant. Nach dem Essen und wenigen Fußwegminuten ist das Ufer des Tornowsees erreicht und damit die Haltestelle der Ausflugsdampfer in Richtung Neuruppin. Es empfiehlt sich aber auch ein Spaziergang rund um den See - durch den Wald und auf einem malerischen Steilufer: „Der See liegt glatt und sonnenbeschienen vor dir, aber es ruft aus ihm, die Bäume rühren sich nicht, aber es zieht durch sie hin, aus dem Walde klingt es, als würden Geigen gestrichen, und

... und mit Mühlrad

nun schweigt es, und ein fernes, fernes Läuten beginnt" – phantasierte Fontane bei soviel Naturschönheit vor den Augen.

Kunsterspring

„Wer will sagen, wenn er die Ruppiner Schweiz durchwandert, wo ihr Zauber am mächtigsten wirkt", fragt Fontane. Hier, auf dem Wege nach Kunsterspring wirkt der Zauber auf jeden Fall. Wenige Kilometer von der Boltenmühle geht es erst am 132 Hektar großen **Tornowsee** entlang, um dann ein kurzes Stück dem Flüsschen Kunster zu folgen. Hier ragen rechts und links des Weges für diese Gegend mächtige Berghänge von bis zu 50 Meter herauf: entlang dieser Hänge müssen einst blutige Kämpfe stattgefunden haben, denn hier befindet sich eine Wallanlage aus der Bronzezeit.

Minuten später wird der **Tierpark** der Fontanestadt Neuruppin **Kunsterspring** erreicht. Hier sagen sich die sprichwörtlichen Füchse und Hasen gute Nacht. Und wenn sie am Tage unterwegs sind, dann auf einer Fläche von 16 Hektar. nach der Inventur 2022 leben hier 357 Tiere in 77 verschiedenen Arten und wie der Name des Geheges beschreibt, sind es die einheimischen: wie z. B. Wölfe, Luchse, Fischotter, Waldkäuze, Wildschweine, Eulen, Damhir-

Nachwuchs bei den Westafrikanischen Zwergziegen

sche, Wisente, aber auch das Heckrind als Rückzüchtung der längst ausgestorbenen Auerochsen streift hier durchs Gelände. Ein gut ausgeschilderter Naturlehrpfad leitet durch das romantische Tal bis hin zur „Kochquelle". Einige Meter weiter gibt es am Giehmsee eine sehr idyllische Badestelle.

Im Tierpark Kunsterspring leben Fischotter und Wölfe.

Netzeband

Szene aus „Unter dem Milchwald"

So entstanden der Seminarhof „Märkische Höfe" und Wohnungen. Die alte Dorfschule ist heute eine Pension, und nach und nach wurden weitere Bauernhäuser und Ställe in privater Initiative umgebaut.

Mitten in der märkischen Provinz findet man ganz unverhofft reizvolle Überraschungen. Netzeband ist eine solche. Einst bot der kleine Ort Asyl: preußische Rekruten, die dem Drill im Heer des „Alten Fritz" entflohen, fanden in der mecklenburgischen Enklave eine Zufluchtsstätte. Heutzutage fliehen gestresste Mitbürger aus ihrem Alltag in die Ruhe des Oberen Temnitztals. Dort finden sie Entspannung in idyllischer Landschaft. Ein knapp 200-jähriges Gutsensemble aus Gutshaus, Gutspark und klassizistischer Kirche, zwölf märkischen Vierseitenhöfen und dem alten Bahnhof geben historische Bausubstanz für eine Dorfgestaltung der romantischen Art. Rund um die wiederaufgebaute Kirche entstand neues Leben im Dorf. Vier der alten märkischen Höfe wurden renoviert, bekamen eine neue Bestimmung und behielten dennoch ihren dörflichen Charakter.

Seit 1996 wird jeden Sommer großes Theater gegeben – auf einer riesigen Open-Air-Bühne unterhalb der Temnitzkirche, die nach ihrem Wiederaufbau der Kultur geweiht wurde und unter der Dachmarke Netzeband-Kultur ganzjährig verschiedenen kulturellen Veranstaltungen einen Raum bietet. Die Monumentalität der Naturbühne braucht große Mittel. So entstand eine besondere Theaterästhetik, das Netzebander Synchrontheater.
Es ist ein Spiel mit Masken zu einer vorproduzierten Audioinstallation. Namhafte Schauspieler sprechen im Tonstudio den Text ein, die Darsteller (Schauspieler und vor allem Menschen aus der Region) spielen die klassischen Stücke u. a. von Goethe und Shakespeare. Jedes Jahr eine neue Inszenierung, jedes zweite Jahr ein neues Kinder- und Familienstück. Auch dabei bedient man sich der Klassiker. Aber von Anfang an übt jährlich Dylan Thomas' „Unter dem Milch-

wald" mit 53 überlebensgroßen Figuren eine besondere Faszination auf das Publikum aus. Neben der Kammeroper Schloss Rheinsberg gehört der **Theatersommer Netzeband** zu den wichtigsten kulturellen Attraktionen in Nordwestbrandenburg.

Synchrontheater – Das Spiel mit Masken.

Stendenitz

Einen wunderschönen, buchtenreichen, klaren und außerhalb der Feiertage fast einsamen See, einen gepflegten und doch nicht überlaufenen Zeltplatz und einen sympathischen Kanuverleih - kann das Paradies perfekter sein? Es kann - wenn es auch noch was zu lernen gibt.

Das kleine, 1936 errichtete Blockhaus am Westufer des **Zermützelsees** beheimatet seit 1956 (2011 komplett überarbeitet) eine liebevoll gestaltete Ausstellung zur Biologie und Geologie der Ruppiner Schweiz, das Waldmuseum Stendenitz. Die Ausstellung „Zanders Waldkabinett" erklärt den Lebensraum Wald anhand interessanter Beispiele. Ein 1,5 Kilometer langer und beschilderter Lehrpfad gibt entsprechende Einblicke in die heimische Fauna und Flora. Der Ort wurde 1750 gegründet. Der gute Fontane sah die Naturbelassenheit von Stendenitz allerdings komplett anders: „Die Kärglichkeit unserer märkischen Scholle kann nicht leicht irgendwo besser studiert werden als an dieser Stelle. Hundert Jahre Arbeit sind gewesen wie ein Tag,

Das Waldmuseum Stendenitz

und eine Ziege, ein Kirschbaum und ein Streifen Roggenland, über das der alte Beherrscher dieser Gegend, der Strandhafer, immer wieder Lust zeigt, als Sieger herzufallen, diese drei sind nach wie vor der einzige Reichtum dieser Ansiedlung." Wie viel sich hier geändert hat, sollte man sich wirklich einmal ansehen - und zum Friedhof gehen: „Die Bahre", schreibt ein theatralisch-dramatisch angewandelter Fontane, „die diesem Begräbnisplatz dient, hing an dem abgebrochenen Ast einer alten Kiefer, und der Baum und Bahre waren gleichmäßig mit Flechten überdeckt; dazu gurgelte das Wasser im Röhricht, und über uns in den Kronen ging der Wind. Alles Klage. Nur zwischen den Bäumen leuchtete das ewige Blau." Und trotzdem ist es ein paradiesischer Ort!

Im Waldmuseum Stendenitz

Zermützel und sein See

Der malerische Ort liegt gleich auf der uferbenachbarten Seite und ob der See der Siedlung den Namen gab oder umgekehrt, kann nicht mehr nachgewiesen werden. Unstrittig ist hingegen, dass dieses Zermützel keine Verballhornung von Scharmützel ist, denn unser Name geht auf das slawische cremnsn zurück: zu Deutsch - wo die Elsbeere wächst. Unter selbige legte sich zur schönen Sommerzeit auch gerne der Berliner Galerist Ferdinand Möller, weshalb ihm der Stararchitekt Hans Scharun (u. a. Berliner Philharmonie) hier ein Sommerhaus baute, das vor einigen Jahren rekonstruiert wurde. Pferdefreunde finden auf dem Kremserhof ihr Glück und zum Windsurfen und Segeln treffen sich jährlich viele Begeisterte. Auch Angler finden am Zermützelsee ihr Revier.

Idylle am Zermützelsee

Molchow

Immer weiter südwärts Richtung Alt Ruppin, geht es erst durch den Tetzsee, vorbei an dem so sang und klanglos untergegangenen Mustergut des Fontane-Freundes Gentz, das der treue Gefährte über Seiten und Seiten in den „Gentzrode"- Kapiteln der „Wanderungen“ beschrieb und dann in den Molchowsee, nebst gleichnamigem Orte: „Das östliche Rhinufer hat keinen anderen Reiz als den, welchen es seinem Gegenüber, dem westlichen Ufer, entnimmt“, schreibt Fontane nicht gerade liebevoll. Trotzdem schien es dem Wanderer gefallen zu haben, und seine Schilderung kann heute noch gelten: „Eingesponnen in Gärten und Laub liegt es da, die Studentenblume blüht, der Kürbis hängt am Gezweig, und der Hahn begrüßt uns vom Zaun her und kräht in den lachenden Morgen hinein. Alles ist licht und hell...“ In dem ganzen Idyll überspannt eine kleine Brücke den Rhin. Mitten in dem Ort steht diesmal keine Kirche, sondern lediglich ein hölzerner Glockenturm, der um 1692 errichtet worden sein soll. Die darin befindliche Glocke ist noch ein wenig älter - stammt aus dem Jahre 1522 und aus dem Dorf Eggersdorf. Ganz so ruhig geht es dank der touristischen Entwicklung der letzten Jahre nicht mehr zu. Zu den Angeboten gehört der Floßverleih Treibgut.

Lindow und Kloster Lindow

Wer Kloster Lindow sieht, meint es zu kennen - allerdings unter einem anderen Namen und in einer anderen Gegend angesiedelt. Lindow stand Pate für das Kloster Wutz in Fontanes „Stechlin“. Auch in seinen „Wanderungen“ kam Fontane immer wieder auf diese schöne Gegend zu sprechen: „Lindow ist so reizend wie sein Name“, heißt es ebenso kurz wie bündig.

Kloster Lindow

Kloster Lindow wurde von den Grafen von Arnstein als Nonnenkloster 1230 gegründet und 1541 säkularisiert. „Aus dem Kloster Lindow wurde nunmehr ein Fräuleinstift Lindow, und an die Stelle der Äbtissin und ihrer fünfunddreißig Nonnen trat eine Domina mit vier Fräuleins; das Gesamteinkommen aber sank allmählich auf Tausend Taler und das Grundeigentum von vier Quadratmeilen auf – 100 Morgen. Unter den Dominas, soweit ihre Namen überhaupt noch auf uns gekommen sind, finden wir fast ausschließlich Adelsnamen aus Ruppin und Havelland.“ Fontane beschreibt Lindow als ein „Konglomerat von Häusern und Ruinen“, „um welches sich eine niedrige Steinumwallung: die Einfriedung von Kloster Lindow, zieht“. Heutige Besucher treten durch eine schmale Pforte auf das noch immer, wenn auch nur teilweise, genutzte Gelände und finden genau das vor, was Fontane vor über 140 Jahre sah: „...nach links hin – der von Lindengängen eingefaßte See, zwischen uns und ihm ein buntes Durcheinander von Blumen- und Gemüsegärten, und mitten hineingestellt in diese, das villenartige Haus der Domina, dicht grenzend mit einem in Trümmern liegenden Langbau, der sehr wahrscheinlich einst das Refektorium des alten Klosters ausmachte. (...) Jeder Zauber wäre dieser Verfallsstätte längst abgestreift, wenn nicht die hohen, stehengebliebenen Giebelwände wären, mit ihren gotischen Nischen und Fenstern und ihrem Storchennest darauf.“ In dem fast 50 Meter langen Konventgebäude befanden sich früher die Küche, der Speiseraum, ein Aufenthaltsraum und ein Stockwerk höher, ein Schlafsaal für die Nonnen. 1816 soll es dann teilweise abgerissen worden sein, weil man glaubte, hier spuke es. Die Kirche des Stifts muss hinter dem Konventgebäude gestanden haben und ist nur noch in Umrissen erkennbar. Im dahinter liegenden Lindenhof befinden sich die Gräber der Stiftsdamen. Trotz des bisweilen sicherlich sehr idyllischen Lebens, trugen die 36 Nonnen nebst Probst ihre soziale Verantwortung und hatten dabei keine Konfliktängste. So beschwerten sich die frommen Frauen des Klosters beim Kurfürsten über die brutalen Übergriffe des hiesigen Grafen. Achim von Bredow (siehe auch Schnitzaltar zu Rheinsberg), so die engagierten Damen, „hat zu Petri Paul die Stadt mit hundert Pferden überfallen und ein Wesen in der Stadt getrieben, dass sich ein Stein erbarmen müsse. Beide Bürgermeister, mehrere Ratsherren, alles alte Männer, ließ er binden und in den Kerker werfen, Weiber und Kinder nachts aus den Betten reißen und sie Schelme und Huren schelten, die Schlösser von den Toren anhauen und mit Spießen und Schwertern in Heu stechen, um neue, verbotene Bücher zu suchen.“ Für die Nonnen durchaus ein Akt von Zivilcourage – der Kurfürst war weit, der rachsüchtige von Bredow nah. Der Edle wandte sich in einer Stellungnahme an seinen Herren, in der es hieß: „Der Geist der Empörung und des Aufruhrs, der im Lande umginge, der fortgesetzte Ungehorsam (...) haben ihn zu solchen Maßnahmen gezwungen.“ Da der Fürst nicht

Eine der schönsten Kirchen ihrer Art in Brandenburg steht in Lindow.

den Ast absägen konnte, auf dem er höchstselbst saß, wurde von Bredow freigesprochen und die tapferen Nonnen von Lindow hatten das Nachsehen. Dass es zu Spannungen zwischen den Klosterdamen und den Bewohnern des Ortes gekommen sein soll, ist nicht bekannt.

Lindows Hafen am Gudelacksee

Die Stadt der drei Seen besitzt einen im frühklassizistischen Stil erhaltenen Stadtkern. Herausragende Gebäude sind das neue Rathaus (1807–09), die historische Druckerei (1896–1943), das Rote Schloss und die Klostermühle. Das Haus Nr. 16 wird aber nicht wegen der Größe als „**Puppenhaus**" bezeichnet. Ein Berliner der Gründerzeit soll das Gebäude aufgestockt und mit vier Statuen (Puppen) auf dem Dach versehen haben. Sie stellen die Musen des ernsten Gesangs, der Astronomie, der Prosa und der Poesie dar. Die barocke **Kirche** hat das Feuer, dem damals mehr als achtzig Häuser zum Opfer fielen, verschont. Und so kann der Besucher das zwischen 1751 bis 1755 erbaute Sakralgebäude bewundern – mithin eine der schönsten Kirchen ihrer Art in Brandenburg. Hinzu kommen noch zwei Besonderheiten: Der Turm zeigt nicht nach Osten, sondern nach Westen und im Inneren steht eine Sanduhr auf der Kanzel. Diese sollte die Predigt auf das publikumsfreundliche Maß von einer Stunde begrenzen. Rechts und links des Kanzelaltars strahlen die neu restaurierten Buntglasfenster (zeigen Kreuzigung und Auferstehung

Christi), die 43 Jahre verschwunden waren. Nach einem Besuch des **Vogelparks** und des **Museums** „Schau mal rein", das Kurioses von Gestern und Heute bietet, sollte Zeit für den See bleiben. Die überaus freundlichen Damen der Touristinformation „Stadt der drei Seen" helfen nicht nur bei Stadt- und Klosterführungen mit den historischen Figuren der „Schönen Nonne" und dem „Grafen von Lindow".

Auf dem Gudelacksee kann man muskelbetrieben Boot fahren. Das Strandbad Gudelacksee (rechts neben der Dampferanlegestelle) und der Bootshafen, wo ein kleines Schiff individuell buchbare Rundfahrten auf dem Gudelacksee (Insel Werder und zum Rhin) bietet, sind ebenso zu empfehlen wie die Badestelle am Wutzsee am südlichen Ufer und nur wenige Spaziergehminuten von Lindow-Zentrum entfernt.

Alt Ruppin

Theodor Fontane hat ein so schönes Poem zur Ruppiner Schweiz verfasst – vergessen wird vom Dichter allerdings die namensgebende Stätte – **Alt Ruppin**: Bis 1626 war das „Seeschloss zu Alten-Ruppin" die Residenz der Grafen von Arnstein. Heute kaum noch vorstellbar, aber vor dem im 13. Jahrhundert als Burg gegründeten Herrschersitz fanden, wie z. B. 1524, großartige Ritterturniere statt. Während des Dreißigjährigen Krieges wurde ein Teil der Anlage von einem Brand vernichtet – 1779 stürzte das Dach ein. Schließlich gab man die Ruine 1788 als Steinbruch frei. Aus dem Abbruchmaterial und auf dem Fundament wurde das Königliche Amt Alt Ruppin errichtet. Viele Steine fanden ihren Platz in der Stadtmauer von Neuruppin und ein großer Teil wurde für den Wiederaufbau von Neuruppin nach dem großen Brand von 1787 verwendet. Deshalb sind heute nur noch sehr spärliche Reste der früheren Grundmauern der einst so stolzen Burg erhalten.

In der **Waldzentrale** erfährt man eine Menge über die Berufe, die mit dem Wald zu tun haben. Vom Holzhauer bis zum Förster wird interaktiv der Wald als Arbeitsstätte näher gebracht.

Mehr hat sich von der **Kirche St. Nikolai** erhalten. Während der Ostteil noch aus dem 13. Jahrhundert stammt, wurde der Turm erst 1599 in den märkischen Himmel gemauert. Der oberste Teil, die komplette Sakristei und die Vorhalle der Kirche wurden 1846 so umgebaut, wie wir es heute noch vorfinden. Der Orgelprospekt sowie der Kanzelaltar stammen aus den Jahren um 1712 und sind farblich sehr reizvoll verziert – ebenso wie die schöne Holzbalkendecke mit ihren Stuckmedaillons aus der Zeit um 1600. Absolut empfehlenswert ist ein Blick vom Turm – auf das Denkmal des in der Stadt geborenen Komponisten Ferdinand Möhring (1815–87) und auf die Insel Poggenwerder. Aus der Luft sind die ehemaligen slawischen Wallanlagen der vorchristlichen Burg hervorragend zu erkennen.

In der Waldzentrale wird gezeigt, wie früher geharzt wurde.

AUSFLUGSEMPFEHLUNG:

- Auto: Kyritz an der Knatter (Marktplatz, St. Marien aus dem 13. Jahrhundert, Renaissance-Schloss Demerthin ca. zehn Kilometer entfernt)
- Rad: um den Gudelacksee – nach Banzendorf – nach Meseberg und Gransee über Seebeck, Glambeck – An-schluss Radweg Berlin–Kopenhagen, Netzeband – Kultursommer mit Konzerten und Schauspiel,
- Kulturlandschaft in und um Lindow
- Lindower Sommermusiken in der Stadtkirche, Musikscheune Vielitz
- Fuß: Rund um den Wutzsee (8 km)

Neuruppin

Über die frühe Historie der Stadt bis zur Mitte des 18. Jahrhunderts ist bereits im Text zur Geschichte der Region ausführlich berichtet worden. Jetzt soll das Neuruppin beschrieben werden, das der heutige Besucher sieht: die „preußischste aller Städte", wie Theodor Fontane die Stadt am Ufer des Ruppiner Sees nannte und wie sie nach den Plänen des Baumeisters und Schinkel-Lehrers Bernhard Matthias Brasch dem sprichwörtlichen Phönix aus der Asche gleich, wieder auferstand.

Die moderne Geschichte Neuruppins beginnt mit einer Katastrophe. Der später so berühmte Baumeister Karl Friedrich Schinkel war noch ein kleiner Junge, als am 26. August 1787 ein anfänglicher Scheunenbrand seine Heimatstadt in Schutt und Asche legte: „Wie von einem Brotlaib zwei dürftige Kanten übrigbleiben, so blieben im Osten und im Westen gerade noch ein paar Häuser stehen", fasste Fontane das Bild vom zerstörten Neuruppin zusammen. Schinkels Vater, der im seeseitig benachbarten Dorf **Wuthenow** zu diesem Zeitpunkt gerade die Sonntagspredigt hielt, eilte zu den Seinen und soll sich auf diesem Weg eine Lungenentzündung oder in der brennenden Stadt die Rauchvergiftung zugezogen haben, an der er wenig später verstarb. Des Vaters Freund, ein bislang noch wenig in Erscheinung getretener

Unter Friedrich Wilhelm II., dem Neffen Friedrichs des Großen, fand der Wiederaufbau Neuruppins statt.

Denkmal für Karl Friedrich Schinkel in Neuruppin

Architekt Bernhard Matthias Brasch (1741–1821) nahm sich der Halbwaisen an. Eine schicksalhafte Fügung, möchte man sagen, denn eben jener Brasch, der bislang lediglich Kasernen und kleine Häuschen konzipiert hatte, erhielt den Auftrag, die Stadt wieder neu aufzubauen. Eine Teilfinanzierung des Aufbaus kam über eine spezielle Art der Volkssammlung zusammen. Der geniale Daniel Chodowiecki schuf einen Kupferstich, dessen Verkaufserlös zum Wiederaufbau verwendet wurde. Das Geld muss geflossen sein und der junge Schinkel wich dem visionären Brasch nicht von der Seite. Weitblickend war der Mann, denn dieser märkische Architekt ließ die zerstörten Gebäude nicht einfach wieder aufbauen, sondern schuf am Reißbrett die erste, ausschließlich bürgerlichen Bedürfnissen dienende Stadt. Der Straßenpflasterungen hatte man allerdings weniger Aufmerksamkeit geschenkt. Fontane nörgelte noch später über den, mitunter noch immer anzutreffenden, schlechten Belag der Spazierwege mit einem wirklich drastischen, heute aber erklärungsbedürftigen Bonmot: „In unseren dünnsohligen Stiefeln werden wir freilich an jenen mecklenburgischen Gutsbesitzer erinnert“, heißt es als Anspielung an jenen, dem 1839 von seinen brutal ausgebeuteten Bauern erst der Weinkeller geplündert wurde. Anschließend zwangen diese den Gutsbesitzer auf den Scherben seiner ausgesoffenen Weinflaschen zu tanzen – zehn Minuten lang, dann eine Stunde Pause, dann wieder tanzen, solange bis Haberland an seinen Verletzungen starb.

Was für die damaligen Bewohner nach dem Wiederaufbau mehr Raum auf den Straßen und Licht in den Wohnungen, kurze Wege zu den Ämtern und freizügige Plätze bedeutete, erschwert den heutigen Besuchern etwas die Orientierung. Von vielen anderen Spaziergängen in fremden deutschen Städten gewohnt, verlässt man sich darauf, dass zumindest die wichtigsten Straßenzüge zur Kirche und ihrem Markt führen. Das galt für Neuruppin nicht mehr: sowohl St. Marien, die Kreuzkirche als auch die Klosterkirche nehmen keine hauptsächliche Bedeutung in der Stadtplanung mehr ein. Was für die mittelalterlichen Ensembles noch von erheblicher Bedeutung war, spielte demnach im ausgehenden 18. Jahrhundert nicht mehr die zentrale Rolle. Insofern war Neuruppin damals die modernste Stadt Deutschlands – und der junge Schinkel war immer dabei, wenn Onkel Brasch seinen heute hervorragend rekonstruierten norddeutschen Zopfklassizismus entwarf, den der Freund Philipp Bernhard Berson (1754–1835) mit ebenso bescheidenen wie wirkungsvollen Stuckelementen verzierte.

Vielleicht lag es an dieser zeitraubenden Nebenbeschäftigung, dass der Junge in der 1790 erbauten und später nach Fontane benannten Lateinschule keine besonders glänzenden Ergebnisse erzielte. Was seine Karriere allerdings nicht behinderte. Berlin ohne die Schinkelschen Bauwerke wie Neue Wache, Schauspielhaus oder Altes Museum wäre in architektonischer Hinsicht um vieles ärmer.

Selbstverständlich ist dem berühmten Sohn der Stadt im **Museum Neuruppin**, einem aus dem Jahre 1790 stammenden Doppelbürgerhaus, entsprechende Räume vorbehalten – ebenso wie dem zweiten Prominenten: Theodor Fontane. Das Haus in dem der Dichter einen Tag vor Silvester 1819 das Licht der Welt erblickte, steht heute noch und wird, wie damals von seinem Vater, als Löwen-Apotheke geführt.

Die Pfarrkirche St. Marien in Neuruppin – das Kultur- und Kongresszentrum

Der kleine Fontane lebte mit seinen Eltern bis 1825 in dem Gebäude in der Karl-Marx-Straße (Fontanes Wohnung ist wie die in der Potsdamer Straße in Berlin nicht zu besichtigen!). Das gesellschaftliche Leben fand für Fontanes Vater, den aus Berlin zugezogenen Apotheker Louis Henri Fontane, am Spieltisch statt. Er muss ein lausiger Kartenspieler gewesen sein. Nicht genug damit, dass er sehr viel Geld verlor - er verspielte auch die Liebe und Achtung seiner Gattin. Nach dem die Familie (fast) pleite war, zog man nach Swinemünde um, wo sich im Wortsinne das gleiche Spiel wiederholte. Emilie Fontane trennte sich schließlich von dem ebenso glücklosen wie spielsüchtigen Apotheker und zog mit den vier Kindern nach Neuruppin zurück - für die damalige Zeit ein ungeheurer Vorgang. Ihr neues Zuhause wurde das sogenannte **Predigerwitwenhaus**, eben jenes, in dem bereits die Schinkelschen Hinterbliebenen gewohnt hatten. Der junge Fontane besuchte zwischen 1832 und 1833 die gleiche Schule wie Schinkel und begegnete dem gleichen Alptraum: „Herr Thormeyer war eine Kolossalfigur mit Löwenkopf und Löwenstimme. Ein Donnerer in den Klassen...", erinnert sich der schon greise Schriftsteller an den Schuldespoten viele Jahrzehnte später noch immer schaudernd. Berühmte Dichter wie der mit 24 Jahren unter dem Eis eines Berliner Sees ertrunkene Georg Heym (1887–1912) und der ebenfalls expressive Erich Ahrendt (1903–84) haben diese Schule später besucht. „Den Bürgern kommender Zeit" oder wie wir Lateiner sagen: „Civibus aevi futuri", ist heute noch am **Alten Gymnasium** zu

Geburtshaus Fontanes – die Löwen-Apotheke in Neuruppin

„Den Bürgern kommender Zeiten“ – am „Alten Gymnasium“ in Neuruppin

lesen, das die heutigen **Jugendkunst-** und **Musikschule,** die **Bibliothek,** das **Stadtmarketing,** die **Fontanegesellschaft** und den **Campus Neuruppin** beherbergt.

Mehrmals gab es Pläne das voluminöse Gebäude abzureißen. Die Schule war zwischenzeitlich so marode, dass die Decken mit Baumstämmen abgestützt werden mussten, woher auch damals die Spottbezeichnung „Baum-Schule“ stammte. Die Achtung vor dem Bauensemble setzte sich, dem Bürgertrotz sei Dank, schließlich durch. Am Schulplatz heißt die einleuchtende Adresse: „Alles war still und leer, auf dem Schulplatz wurden Betten gesonnt, und es sah aus, als solle die ganze Stadt aufgefordert werden, sich schlafen zu legen“, beschreibt Fontane den damals provinziellen Charakter des Platzes. Davon kann heute keine Rede mehr sein: auf diesem finden die aus anderen Städten sattsam bekannten Märkte der Billigtextilien, Heizkörperreinigungsbürsten und Handy-Imitationen statt. Lichtblicke im Angebot und deshalb überhaupt erwähnenswert, sind zweifellos die Obst-, Gemüse-, Fleisch- und Wurststände, die Produkte aus der Region anbieten. Sehr zu empfehlen: die „Gewürzoase“. Ebenfalls hinweisenswert sind die vielen Cafés am Platz und die überaus freundlich und kompetent geführte Filiale der Fontane-Buchhandlung. In diesem Zusammenhang seien auch die Antiquariate der Stadt erwähnt – hier ist immer ein preiswertes Sortiment an „Brandenburgica“ älteren und neueren Erscheinungsjahres erhältlich. Auf dem

Platz sitzend und die Schule vor Augen, ist die bereits erwähnte **Kulturkirche** linker Hand zu finden. Das 1883 von Max Wiese geschaffene bronzene **Schinkel-Denkmal** steht auf seinem Denkmalsockel im Schatten der Stadtkirche. Das vom gleichen Meister 1901 geschaffene **Fontane-Denkmal** gibt sich, in sitzender Position, wesentlich entspannter und befindet sich am Ausgang der Karl-Marx-Straße.

Ein Bein vorgeschoben, als wolle Schinkel just heruntersteigen und sich umsehen, hatte der Baumeister gerade für diese Kirche wenig Sympathien. Die nach den Plänen von Philipp Berson durch Carl Ludwig Engel (1778–1840) zwischen 1801 bis 1806 erbaute Quersaal-Hallenkirche nannte Schinkel „gründlich mißlungen". Was nicht nur in künstlerischer Hinsicht galt. Die Fundamente wurden auf dem unsicheren Baugrund eines alten Friedhofes und mehrerer Brunnen gegründet, was umfangreichste Rekonstruktionsmaßnahmen zu Beginn unseres Jahrtausends notwendig werden ließen. „Wären nicht die sentimentalistischen Supraportenreliefs über den Eingängen mit biblischen Themen, Moses mit den Gesetzestafeln, Taufe Christi und Abendmahl, könnte man das Gebäude ebenso für ein Schauspielhaus halten", heißt es sicherlich nicht übertrieben in einem ansonsten wenig pointierten Kunst-Reiseführer-Standardwerk zu dem bereits 1970 baupolizeilich gesperrten Gotteshaus. Nach Abschluss der Bauarbeiten nutzt man die ehemalige Stadtkirche St. Marien für Konzerte, Kongresse, Tagungen und Bankette.

Fontane-Denkmal in Neuruppin

Im Tempelgarten Neuruppin

Eine Straße weiter, in der Karl-Marx-Straße, befand sich ein weiterer, ebenfalls nicht ganz so erfolgreicher Berson/Engel-Bau: das gerade erst 1801 von eben jenem Architekten-Duo als Rathaus konzipierte Gebäude wurde bereits 1883 wieder abgerissen. Der auf den Fundamenten errichtete „Neubau" wird heute als Landgericht genutzt, was auch die auffällige Vielzahl der hochglanzpolierten Juristen-Kanzlei-Schilder in der Stadt hinreichend erklären dürfte. Mit seinen späteren Bauten hatte Engel dann mehr Glück: Helsinki, damals noch russische Provinzstadt, verdankt dem Berliner das klassizistische Gepräge einschließlich der kreuzförmig kuppelgekrönten Kathedrale, dem Wahrzeichen der finnischen Hauptstadt.

Der Tempelgarten

Auch wenn es nicht zum Wahrzeichen der märkischen Stadt gereicht hat, der Tempelgarten, den Kronprinz Friedrich 1732 auf dem östlichen Stadtwall als „Almathea-Garten" anlegen ließ, hätte zumindest einen Schönheitspreis verdient. Die Idee ist ein Plagiat und stammt aus vorchristlicher Zeit vom Römer Titus Pomponius Atticus. Gewidmet ist die Anlage der Amalthea, jener Nymphe, die Jupiter mit der Milch einer Ziege ernährte. Der Name hat insofern seine Berechtigung, als dass der Garten an der Präsidentenstraße neben der Erbauung mittels Hainbuchenhecken, immergrünen Eibenpyramiden, Grotte und Knobelsdorfschem Rundtempel, dem allerersten Gebäude des Architekten von 1735, auch tatsächlich der Ernährung diente: „In der Amalthea wurde treffliches Gemüse gezogen, so daß noch Jahre nachher die Bedürfnisse der Rheinsberger Schloßküche von dort aus versorgt und ausgezeichnete Stücke als Geschenk für seine Majestät nach Potsdam gesandt werden konnte", berichtet ein über 200 Jahre alter Reiseführer. „Hier im Garten ist noch manches, wie's ehedem war", schreibt Fontane und das kann heute so stehen bleiben. Nach mehrmaligem Besitzerwechsel kaufte die zu ihrer Zeit sehr bekannte und mit Fontane befreundete Neuruppiner Familie Gentz im Jahre 1853 das wohl sehr vernachlässigte Gartenensemble, ließ es wieder herrichten und mit zahlreichen phantasievollen, aus Dresdener Werkstätten und den Anfängen des 18. Jahrhunderts stammenden Skulpturen bevölkern. Aus dieser Rekonstruktionszeit stammen auch die etwas abenteuerlich-deplaziert anmutende Gentzsche Villa (heute Café/Restaurant) und das Gärtnerhäuschen im maurischen Stil samt Minarett.

Im Tempelgarten Neuruppin

Nach einem entspannten Kaffee in der Villa sollten die Schritte in die unweit gelegene August-Bebel-Straße gelenkt werden und dem **Museum Neuruppin** gelten, beherbergt es doch eine der ältesten Sammlungen des Landes Brandenburg. In einer liebevoll arrangierten Schau zeigt das als Zieten-Museum gegründete Haus (siehe Text Wustrau) neben der Stadtgeschichte und den großen „Talenten" der Stadt, wie Fontane, Schinkel und Gentz, auch das Thema der Neuruppiner Bilderbogen. Im Neubau des Museums ist den farbigen Druckerzeugnissen Neuruppiner Provenienz viel Platz eingeräumt, von denen das Haus eine Sammlung von 13.000 Stück besitzt. Deren Nachdrucke sind im Museumsshop zu erwerben und wurden einst im schräg gegenüberliegenden Haus produziert. Nähere Informationen finden Sie unter:
www.museum-neuruppin.de

Neuruppiner Bilderbogen
Bevor Neuruppin zur Fontane-Stadt wurde, war der Name der Stadt deutschlandweit bereits ein fester Begriff. Von hier kamen die schaurig-schönen „Neuruppiner Bilderbogen", die Vorläufer der Illustrierten unserer Zeit. Was uns Heutigen Kino, TV oder Radio ist, war zwischen 1792 bis 1916 der Bilderbogen aus Neuruppin. Die „Bomben auf Antwerpen" waren gerade explodiert, der „Paskewitsch in Warschau" empfangen oder die „Schlachtreihen von Ostrolenka" geschlossen, der „Abschied des Matrosen von seinem Liebchen" beweint oder der „Brand des Wohltätigkeits-Bazars in Paris" gelöscht – schon wussten es die Käufer, der von vielen fleißigen Kindern handkolorierten Bögen und konnten sich ein Bild machen. Fontane, voll Lokalpatriotismus, verstieg sich sogar in die Behauptung: „Was ist der Ruhm der ‚Times' gegen die zivilisatorische Aufgabe des Ruppiner Bilderbogens? Gebiete, die Barth und Overweg, die Richardson und Livingstone erst aufgeschlossen – die Kühnschen Bilderbogen waren ihnen vorausgeeilt und hatten längst vor ihnen dem Innersten von Afrika von einer Welt draußen erzählt". Neben der „aktuellen" gab es aber auch noch die unterhaltsame, belehrende Sparte. Zwischen Biedermann und Bummelmeier – Gesellschaftsnachrichten des 18. und 19. Jahrhunderts. Sozialkritisches findet man selten bei Gustav Kühn (1794–1868), dem Verleger der Ruppiner Bogen – dann schon eher bei „Oehmigke & Riemschneider", dem sehr viel später gegründeten Offizin. Der immer um den wirtschaftlichen Erfolg seines Unternehmens kämpfende Gustav Kühn musste 1828 erleben, dass drei weitere Firmen gegründet wurden, die man heute politisch korrekt als Mitbewerber bezeichnen würde. Deshalb auch sein Stoßgebet auf dem Frontblatt seines Kassenbuches:
„Herzlich bitt' ich dich, o Gott,
Treib meine Nebenbuhler fort,
Lenk aller Käufer regen Sinn
Nur stets nach meinem Laden hin."
Und es hat geholfen – die angesprochene überirdische Macht ließ

sich zwar etwas Zeit mit der Erfüllung des unfrommen Wunsches – die Konkurrenz blieb damals bestehen, aber die Nachwelt verbindet mit dem Begriff Neuruppiner Bilderbogen ausschließlich die der Kühnschen Produktion. Die wahrscheinlich schönsten Arbeiten aus den Ruppiner Werkstätten (es waren insgesamt über 20.000 Bogen), sind heute in dem gleichnamigen Museum zu sehen. Neben den Bogen werden auch die Produktionsschritte anhand von Originalwerkzeugen gezeigt und die Familiengeschichten der Verleger beschrieben.

Man achtet und schätzt seinen Dichter Fontane – jeder auf seine Weise.

Ebenfalls absolut besuchenswert, und das aus vielerlei Gründen, ist die **Fischbänkenstraße**. Der Name der Straße lässt auf die frühe Nutzung schließen, denn hier standen tatsächlich die Bänke (Tischbuden) der Ruppiner Fischer. Heute ist der von der Straße gezäumte Platz (Neuer Markt) ein Kindereldorado: mehr TÜV-geprüfte bambinotaugliche Spielfläche auf, unter und in Holzplastiken ist in der ganzen Stadt schwerlich zu finden.

Im früheren **Predigerwitwenhaus**, in dem die Mutter und Fontane-Kinder aber auch die vaterlose Schinkelfamilie unterkamen, hat u. a. die **Schinkelgesellschaft** ihren Sitz, die neben einer kleinen Ausstellung auch Einblicke in das Schinkelsche Schaffen und als Dokumentationszentrum wesentliche Impulse zur Schinkel-Forschung geben möchte. Nur wenige Schritte von dieser Stätte der Bildung und des Geistes entfernt, erhält der Suchende ganz andere Erkenntnisse, die allerdings nicht weniger genussvoll sind. „Weinhaus am Neuen Markt“ heißt der unbestritten beste Wein & Delikatessen-Tempel der Stadt und der weiteren Umgebung. Von dem Eigentümerwirt gibt es ebenso interessante wie professionelle Hinweise zu den einzelnen Weinen und ausgewähltesten Hochprozentigen. Die **Fischbänkenstraße** zum Ende gelaufen, wird das Ufer des Ruppiner Sees erreicht. Die Querstraße zuvor einbiegen, verspricht aber auch Sehenswertes. Schon der Name macht neugierig. Siechenstraße - in ihr befindet sich das historische **Siechenhaus** nebst **Siechenkapelle**. Bereits 1361 wurden hier in einem Hospital Kranke gepflegt und 1491 dann die St.-Laurentius-Kapelle geweiht. Über dem backsteinverzierten Türbogen ist Christus am Marterpfahl und der Heilige Franziskus zu erkennen. Das Innere mutet allerdings recht neuzeitlich an. In lockeren Abständen wird unter dem alten Dach junge Kunst präsentiert.

Höchst empfehlenswert ist das Haus auf dem Hof hinter der Kapelle: das **„Up Hus Idyll“** (plattdeutsch für offenes Haus) macht seinem Namen alle Ehre. Das älteste Fachwerkhaus der Stadt wurde in jahrelanger Arbeit liebevoll restauriert. Die Küche ist durchaus anspruchsvoll, die 14 Zimmer sind in ihren mittelalterlichen Grundrissen (kaum) verändert worden. Gerade die nicht ganz geraden Wände machen den besonderen Charme des Hauses aus. Ein Hinweis: auch wenn ein Teil der Zimmer sich neben der spätgotischen Kapelle befinden und sogar einen gemeinsamen Eingang mit dieser haben, sind die Apartments weniger atmosphärisch als die, welche sich direkt über dem kuscheligen Restaurant befinden und über einen Laubengang zu erreichen sind. Tritt man aus der engen Gasse auf den anschließenden freien Platz heraus, auf dem dann das höch-

Die Klosterkirche St. Trinitates in Neuruppin

Parzival am Ruppiner See

ste und älteste Gebäude Neuruppins „thront", ist die **Klosterkirche St. Trinitates** erreicht. In dieser fragte Fontane eine alte Frau, welche Mönche hier gelebt hätten, worauf jene geantwortet haben soll: „Ich jlobe, et sind kattolsche jewesen." Obwohl etwas pauschal - recht gehabt hatte die Alte. Die Gründung geht auf ein Dominikanerkloster aus dem Jahre 1246 zurück, das Pater Wichmann von Arnstein gründete. Die beiden Seitenwände des Chores, vor denen sich auch die Begräbnisstätten des Arnstein-Grafen befinden, sollen noch aus dieser Zeit stammen. Hier steht auch eine Sandsteinfigur eines Dominikaners von 1370. Das Innere der ältesten frühgotischen Backsteinkirche Brandenburgs wurde zwischen 1839 und 1841 nach Plänen Schinkels umfassend erneuert. Herausragende kirchenhistorische Zeugnisse sind eine kleine, beschädigte Sandsteinpieta und ein Kruzifix aus dem 15. Jahrhundert. Ein Sandsteinaltar aus dem 14. Jahrhundert beschreibt in zwei Reihen acht Szenen aus dem Leben Christi. Während die Kanzel vom heimatlichen Tischlermeister Fritzsche bis 1842 geschnitzt wurde, stammt die Orgel erst von 1984. Auch die hohen Türme sind jüngeren Alters - sie wurden im Jahre 1904/07 gemauert. Ein Besuch lohnt sich aber allemal.

Abends kann man vom Turm das 60 Kilometer entfernte Berlin sehen oder Freitagnachmittag dem Aufziehen der Turmuhr zuschauen. Unmittelbar vor der Klosterkirche befindet sich eine über 700 Jahre alte **Linde**. Von dieser Wichmann-Linde wird erzählt, dass der Klostergründer unter ihr in einem silbernen Sarg begraben wurde. Vielleicht liegt der Pater ja noch heute da. Über das Wasser des Ruppiner Sees soll er ja auch gegangen sein - erzählt die Sage.

Zum Ufer hin, stehen die noch immer imposanten Reste der Stadtmauer und dahinter befinden sich das Ufer und der malerische **Hafen** von Neuruppin.

Die hoch über den Hafen herausgewachsene **Plastik**, über deren metallglänzende Ästhetik es sicherlich unterschiedliche Ansichten gibt, stammt von dem auf der schräg gegenüberliegenden Uferseite in Karwe arbeiten-

den Bildhauer Matthias Zágon Hohl-Stein. „Parzival am See. Symbol des Aufbruchs" heißt die 17 Meter hohe und im Jahre 1998 aufgestellte Skulptur.
Am Hafen von Neuruppin wurde viel investiert. Die Uferpromenade, die Stege für Sportboote und Ausflugsdampfer hat man komplett erneuert und auf den höchsten Standart gebracht. Sämtliche, dem Ufer zugewandten Häuser sind restauriert und zahlreiche, durchaus empfehlenswerte Restaurants eingerichtet. Preiswerter und im maritimen Ambiente sportlicher Prägung gibt es Restaurants dann noch eine Querstraße weiter, in den Segelclubs in der Regatta-Straße! Direkt neben dem Pier steht ein großes, supermodernes und trotzdem in die Landschaft passendes Hotel - selbstverständlich mit Wellnessbereichen und allen sonstigen Erfordernissen ausgestattet. Von hier aus kann man sich auch einen wunderschönen Blick über den Ruppiner See verschaffen oder mit einem der Schiffe bereisen. Die **Fontane-Therme** bietet den richtigen Zufluchtsort, wenn das Wetter mal nicht zum Draußensein verführt. Die noch gut erhaltene Stadtmauer ist ein Relikt aus der Zeit vor dem Stadtbrand. Eines der Stadttore - das **Rheinsberger Tor** - wurde 1914 mit einem Turm versehen, der dem des Schlosses Rheinsberg nachempfunden ist. Das Tor gab dem Bahnhof seinen Namen und wer nach Berlin per Bahn möchte, ist hier an der richtigen Stelle. Die Neuruppin-Information befindet sich ebenfalls hier und hilft beim Planen des kurzen oder langen Aufenthalts in der Fontanestadt.

In südöstlicher Himmelsrichtung schlängelt sich der Ruppiner See wie ein Band durch die märkische Landschaft. Besucher können den See zu Fuß umrunden, mit dem Fahrrad ist es aber wohl wesentlich bequemer. Die dem See abgewandte Landschaft ist gerade im Sommer die Harmonie pur: weite Felder, langgestreckte Wiesen, von Bäumen gefasste Alleen, uralte Bauerndörfer und hin und wieder Menschen, welche die guten Böden bearbeiten.

Neuruppiner Promenade am Ruppiner See

Morgenstimmung am Ruppiner See

Treskow

Südlich des eigentlichen Stadtgebietes von Neuruppin gelegen, bietet der Ortsteil Treskow dem Besucher nicht allzu viel Historisches. Finden sich sonst in diesem alten Siedlungsgebiet Zeitzeugen in verschiedenen Baustilen und kann man von der alten Wehrkirche bis zu sakralen Gebäuden im neugotischen und neoromanischen Stil die ruppinische Kirchenbaugeschichte verfolgen – in Treskow findet sich lediglich ein Gutshaus von 1800 (privat genutzt) und ein kleines Kirchlein. Dieses etwas zurückgesetzte Sakralgebäude wurde 1934/35 erbaut und ist durch meditative Schlichtheit gekennzeichnet.

Buskow

Buskow ist ein Ortsteil von Neuruppin im Landkreis Ostprignitz-Ruppin (Brandenburg).
Die urkundliche Ersterwähnung stammt aus 1256 als Buscowe, nach einem Mann namens Buschek. Um 1490 gehörte Buskow zur im Kern reichsunmittelbaren Herrschaft Ruppin der Grafen von Lindow-Ruppin. Ab 1491 war die Familie von Zieten zu Wildberg für etwa 200 Jahre Eigentümerin des Ortes. Später gehörte der Ort unter anderem

der Familie von Kleist. Für die Arbeit an der zweiten Auflage seiner Wanderungen durch die Mark Brandenburg besuchte Theodor Fontane im Juni 1864 Buskow. Er skizzierte die Kirche und vermerkte in seinem Notizbuch: „Prächtige alte vielversprechende Kirche, aber traurig öde im Innern." Buskow hatte allerdings nur ein kurzes Gastspiel in den Wanderungen. Denn der Ort wurde lediglich im Kapitel „Dörfer und Flecken im Lande Ruppin" aufgenommen (Band 1, Die Grafschaft Ruppin), das Fontane in der dritten Auflage (1875) wieder herausnahm. Am 6. Dezember 1993 wurde Buskow nach Neuruppin eingemeindet.

Die kleine Feldsteinkirche mit spitzem Turm und einer angebauten Gruft stammt aus dem 13. Jahrhundert und wurde mehrfach(?) baulich verändert (Fenster). Ihre Einrichtung ist einfach, die alte Ausstattung bis auf einiges Gestühl, Westempore und die Orgel kaum vorhanden. Ein neugotischer Taufstein aus Holz steht unbenutzt im Turmeingang. Die einmanualige Orgel (Man. C–f''' und angehängtes Pedal C–f°) wurde von Albert Hollenbach (Neuruppin) 1888 mit ehemals sechs Registern gebaut, wovon Prinzipal 8' seit 1917 (?) fehlt. Der Prospekt ist mit Tüchern verhängt. Die vorhandene Substanz wurde im Herbst 2007 durch den Orgelbaumeister Matthias Beckmann (Friesack-Damm) restauriert und erhielt einen elektrischen Winderzeuger.

Im Dorf befindet sich das Gut Buskow, dessen Gebäude heute allesamt unter Denkmalschutz stehen.

Wustrau

Der Ort am Südzipfel des **Ruppiner See**s gilt als einer der schönsten in der gesamten Mark – ob auch als einer der geschichtsträchtigsten, wie die Marketingverantwortlichen der Region vermelden, sei dahingestellt. Geschichten zum Ort gibt es aber in mehr als ausreichender Zahl.

Die Ankunft in Wustrau hatte sich Fontane sicherlich anders vorgestellt. Um das umgebende Luch und Wustrau kennen zu lernen, wählte der Wanderer diesmal den Wasserweg und ließ seinen Kahn von einem graukittelbemäntelten Torfstecher ziehen. Und wie das ein Luch so an sich hat, gab es weder Baum noch Haus in der Nähe, dafür an dem bewussten Tage dunkle, tiefschwarze Wolken. Das Gewitter brach los, es goss in Strömen und der greise Dichter aus Berlin wurde nass bis auf die Knochen. „Den allerbesten Kaffee" und „die Garderobe bitte stückweise trocknen", waren die ersten Worte, nachdem das Wustrauer Wirtshaus erreicht war. Natürlich hat sich seitdem hier viel verändert, aber wer sich

Romantik in Wustrau

im November oder März hierher begibt, kann ähnliche Wetterkapriolen erleben. Fontane hat dieses Erlebnis nicht weiter beeindruckt und so ist dann auch eine detailversessene Schilderung von **Schloss Wustrau** und angrenzenden Begräbnisstätten auf uns gekommen. Alles nachzulesen in den „Wanderungen“.

Wustrau ist zwar die Familie von Zieten, den Ort gab es aber lange vor dem Eintreffen dieser Herrschaften. Auch wenn die älteste erhaltene Urkunde, die von wostrowe spricht, aus dem Jahre 1462 stammt, gilt mit an Sicherheit grenzender Wahrscheinlichkeit, dass der Ort bereits im frühen 13. Jahrhundert existiert hat und ein Burgenstandort war. Anfang der 1980er-Jahre fand man bei Grabungen am Schloss die Reste dieser frühmittelalterlichen Burganlage – wahrscheinlich ein Pendant zu der in Alt Ruppin. Weitere auf uns gekommene Eckdaten sind ein Brand von 1638, bei dem fast das gesamte Dorf in Schutt und Asche fiel und die Plünderungen schwedischer Truppen im Jahre 1675 – mit dem gleichen Ergebnis.

Der General des Königs
Vierundzwanzig Jahre später erblickte der von Zieten das Licht der Welt, der Wustrau bekannt machen sollte. **Hans Joachim von Zieten** wurde im später zum Kavaliershaus erweiterten Gebäude am 14. Mai 1699 geboren. Jenseits aller Preußenglorie ist die Biografie dieses Mannes so interessant, dass im Folgenden einige Sätze dazu gesagt werden sollen. Von mangelhafter Bildung, aber mit militärischen Tugenden gesegnet, trat der Jüngling bereits als 14-Jähriger in den Dienst von Oberst von Schwendy. Trotz seiner Beurteilung als „gottesfürchtig, herzhaft, nüchtern, gut haushaltend, fleißig im Dienst", wurde der „klein von Gestalt und von schwacher Stimme" beschriebene Zieten gleich viermal in der Beförderungsordnung zum Offizier übergangen. Nach dem auch der Einspruch seines Kommandeurs beim Königs nichts nutzte, beschwerte sich Zieten persönlich, was im Ergebnis aufs Gleiche hinauslief. Zieten kündigte daraufhin, um ein Jahr später wieder bei der Truppe zu stehen. Zu den Dragonern als Premierleutnant einberufen, ritt Zieten bei Eisgang über die Weichsel, später noch einmal übers Haff bei Danzig – Husarenstücke, wie sie nach dem Geschmack der Zeit waren. Das Duell mit seinem Kommandeur brachte ihm neben weiterem „Ruhm" ein Jahr Festungshaft und natürlich den Abschied von der Truppe. 1730 ruft der König erneut, und Zieten wird Leutnant, ein Jahr später Rittmeister der Leibhusaren S.M. in Potsdam. Die Jahre der drei Schlesischen Kriege zwischen 1740 bis 1763 waren wohl ganz nach dem Lebensgeschmack dieses Mannes. Zieten stieg bis zum General auf. Sein „Zietenritt" nach

Dank an Zieten nach der Schlacht

Jägersdorf trug wesentlich zum Sieg der preußischen Truppen bei Hohenfriedberg und zur großen, heute kaum nachvollziehbaren Popularität dieses Offiziers bei. Nach den Schlachten nahm der Husarengeneral 1674 seinen Abschied und zog sich auf seine Güter in Wustrau zurück. Der legendäre Reitergeneral, der „sich auf Wirtschaft und Pflug genauso gut verstand wie auf Krieg und Säbel" (Fontane), hat immer klug investiert. Seine Prämien für die Schlachten bei Liegnitz und Leuthen, Lobositz oder Prag wurden stets zum Ankauf weitere Ackerflächen, zum Ausbau der Gebäude und zur Modernisierung der Landwirtschaft verwendet. Was bei aller „Zieten aus dem Busch"-Romantik nicht vergessen werden sollte – der olle Zieten war Berufssoldat, der im Dienste des Alten Fritz Schlachten gewann und dafür entsprechend gut entlohnt wurde.

Während von Zieten seine Husaren anführte, wurde in **Wustrau** an seinem **Schloss** gebaut. Zwischen 1747 und 1750 wurde das Hauptgebäude in einem ländlich-barocken Stil errichtet, um dann erst wieder im 19. und 20. Jahrhundert um einen seeseitigen Flügel und den polygonalen Pavillonbau erweitert zu werden. Die jetzige neobarocke Fassade erhielt das Schloss vermutlich um 1914. Zu Beginn der 1930er-Jahre wurde das gesamte Ensemble einschließlich des Parks restauriert. In den Jahren zwischen 1933 und 1945 diente das Schloss erst dem Wehrwirtschaftsführer als Stabsgebäude zur Planung einer möglichst effektiven Rohstoffplünderung der überfallenen Länder Europas. Später übernahm die SS das Anwesen. Im angrenzenden Luch existierten drei Lager: zwei Arbeitslager für sowjetische und polnische Gefangene, die unter unmenschlichen Bedingungen das Luch trockenlegen mussten und ein Speziallager für Wlassow-Anhänger, besser als „Fünfte Kolonne" bekannt und trainiert um „besondere Aufgaben" hinter den deutschlandfeindlichen Linien ihrer eigenen Länder auszuführen. In den letzten Kriegsmonaten soll sich Heinrich Himmler samt Stab und Mannschaft hier versteckt haben. Bis 1983 wurden in dem Schloss die verschiedensten Schultypen untergebracht, dann wurde hier das Institut für juristische Weiterbildung des Ministeriums der Justiz der DDR gegründet. In dem Gebäude, in dem fast zwei Jahrzehnte lang die DDR-Staatsanwälte und Richter ausgebildet wurden, gründete Anfang 1993 die Deutsche Richterakademie ihre Tagungs- und Bildungsstätte.

Das Zietenschloss kann man außerhalb der Schulferien mittwochs von 13 bis 16 Uhr besichtigen. Nicht durch den Zaun zu betrachten, sondern (fast) zum Anfassen nahe, sind die Exponate eines höchst bemerkenswerten, weil ganz öffentlichen Gebäudes – dem **Brandenburg-Preußen Museum** in Wustrau. Das Museum gibt einen anschaulichen Einblick in 500 Jahre brandenburgisch-preußische Geschichte. Ausgehend vom Beginn der Hohenzollernherrschaft in der Mark Brandenburg im Jahr 1415 bis hin zu deren Ende im Jahr 1918 werden wichtige Ereignisse, Personen und Entwicklungen mit authentischen und teilweise seltenen Ausstellungsstücken illustriert. Zwei Höhepunkte der Ausstellung sind die Porträtgalerie mit Bildnissen sämtlicher Herrscher und das Blaue Zimmer, in dem Porträts wichtiger Frauen der Geschichte Brandenburg-Preußens präsentiert werden. Einen besonderen Fokus legt die Ausstellung auf die Darstellung der zivilen und kulturellen Errungenschaften Brandenburg-Preußens. Jährlich wechselnde Sonderausstellungen ergänzen das von Ehrhardt Bödecker (1925–2016) gegründete Museum. Ein weiteres Museum befindet sich in der Straße Hohes Ende. Im Gebäude der ehemaligen Heimatschule befindet sich die **Heimatstube**. Hier werden alter Hausrat, Kleidung, Fotografien und landwirtschaftliche Geräte gezeigt. Absolut Heutiges wird hingegen im **Constance Haus** präsentiert. Das Café, das sich in dem Anfang des 20. Jahrhunderts als Abstinenzlertreff gegründeten Haus befindet, zeigt Wechselausstellungen moderner Brandenburger Künstler. In denen von Constance Gräfin von Zieten-Schwerin gestifteten Räumen finden auch eine ganze Reihe kleinerer, aber sehr ambitionierter Kulturveranstaltungen statt.

Wustrau – Das Familienmuseum

General Zieten und sein Sohn
Noch einmal kurz zurück zum General Zieten. Nach dem Tod seiner ersten Frau (1742) heiratete der gichtgeplagte Militär 1750 die um 26 Jahre jüngere Hedwig Elisabeth Albertine von Platen und damit in eine der ältesten Familien der Mark ein und die Mutter des später außerordentlich anerkannten Landrates Friedrich Christian Ludwig Emil (1765–1854). Doch um in der historischen Linie zu bleiben: sieben Monate vor seinem König starb der alte Zieten am 27. Januar 1786 in seiner Berliner Wohnung in der Kochstraße. Die Bevölkerung soll ganze zwei Tage lang an seinem Sarg defiliert sein, bevor der Husarengeneral neben der Wustrauer Kirche beigesetzt wurde. Sein Grab, das seiner beiden Ehefrauen und seiner Eltern befindet sich an der Nordseite der Kirche. Sein Sohn, den Fontane als „kleinlich, geizig, unschön in fast jeder Beziehung“ schilderte, wirkte nach seinem aus gesundheitlichen Gründen quittierten Militärdienst als Landrat und brachte der Ruppiner Region durch Entwicklungen des Kanalbaus und der Handelsstraßen wirtschaftlich durchaus positive Impulse. Die Befestigung der Seeufer und die Restaurierung der Kirche gehen ebenfalls auf seine Anregungen zurück. Der Sammler von „vaterländischen Altertümern“ hinterließ dieses Erbe der Stadt und der Jugend von Neuruppin – aus den Stücken wurde dann eine der ältesten Sammlungen Brandenburgs zusammengefügt. Ohne Anekdoten geht es, auch bei diesem Zieten, nicht und so wird erzählt, dass der Sonderling am Seeufer einen Turm errichten ließ, der von einem kleinen Glockenstuhl gekrönt war. Selbige Glocke soll aus einfachen Ton bestanden haben, der mit Bronzefarbe überstrichen wurde. „Er wußte, daß die metallen glänzende Glocke den Fischern in die Augen stechen würde, und freute sich diebisch, als er sich die enttäuschten Gesichter vorstellte“, erzählt eine Geschichte. Selbstredend wurde die Glocke dann auch tatsächlich gestohlen. Das in Form und Gestalt etwas andere Grab dieses Zieten befindet sich vis-à-vis der Kirche unter einer mehr als 300 Jahre alten Linde. Zu Lebzeiten ließ sich Zieten seine Totengruft unter einem (künstlichen) Hünengrab mauern. König Friedrich Wilhelm IV. soll sich die außergewöhnliche Grabstätte 1844 angesehen haben und fand an einem der Findlinge einen Defekt: „Zieten, der Stein hat einen Fehler“, bemerkte Seine Majestät – darauf Zieten: „Der darunter liegen wird, hat noch mehr.“ Absolut keine Schäden weist hingegen die mittelalterliche Kirche mit ihrem barocken Turm auf. Während die ältesten Teile wohl aus dem 13. Jahrhundert stammen, wurden die neoromanische Chornische und die nördliche Vorhalle erst um 1883 angefügt. Ein Relief im Inneren und ein Sandstein-Epitaph erinnern an den alten Zieten, während der an die Kirchenwand gelehnt Walknochen aus der Sammlung des Landrates stammt. Das gesamte Ensemble wurde zwischen 1987 bis 1993 restauriert – der Turm 1993 instandgesetzt.

Ob die Anekdoten über den ollen Zieten, mit denen frühere Schulbücher gefüllt waren, nun stimmten oder wie kritische Geister bemerken: „Es Geschichten für naive Gemüter sind, erfunden, um aus dem gichtigen Misanthropen einen leutseligen Landesvater zu machen" soll dahingestellt bleiben.

Ein kauziger Typ scheint der Alte allerdings gewesen zu sein und ein General, der nicht jede Schlacht gewann; zumindest keine auf dem Wasser, wie im Text zu Karwe nachzulesen ist.
Bevor der Wanderer Karwe erreicht und das Geheimnis um die Seeschlacht gelüftet werden kann, geht es weiter am **Ruppiner See** entlang. Vorbei an Bootsanlegestellen und zwei Badestellen, weckt eine Großplastik die Erinnerungen an Neuruppin und an eben jene maritime Auseinandersetzung. Die Skulptur stammt ebenso wie die am Ruppiner Hafen vom Karwer Künstler Matthias Zágon Hohl-Stein. Ob dieses Kontrastprogramm von Edelstahl-Skulptur und idyllischer Landschaft wirklich passt, sei dem persönlichen Geschmack vorbehalten, spannend ist dieser künstlerische Dialog auf jeden Fall. Das Seefestival erinnert im Sommer an die einstige Seeschlacht, von der später noch die Rede ist.

Altfriesack

Vor Karwe liegt Altfriesack. Dieses ist nicht zu verwechseln mit dem havelländischen Friesack mit der wundervollen Sage vom Teufel, der die Edelleute in die Hölle befördern wollte und dessen Packsack während der Luftpost an der Kirchturmspitze hängen blieb, worauf die Herrschaften „Frie aus dem Sack" kamen. In der Sage handelt es sich zwar auch um das in unserer Gegend wohl wenig gelittene Geschlecht derer von Bredow (siehe auch Kirche von Rheinsberg, Kloster Lindow), auch hat Altfriesack keine Kirche, dafür ist dieses Friesack erstens älter und zweitens, mit Verlaub gesagt, liegt es auch landschaftlich viel schöner. Was durch die Anwesenheit von gleich zwei Campingplätzen, einem sehr schönen Sportbooteanlegeplatz und dem unmittelbaren Zugang zu zwei Seen hinreichend bewiesen sein sollte. An diesem Punkt, dem schmalen Landstrich zwischen Ruppiner- und Bützsee, siedelten bereits in der Jungsteinzeit, viel später dann vor und während der slawischen Zeit die Fischer mit ihren Familien. Aus dieser Zeit stammt auch ein bemerkenswerter Fund: 1857 wurde eine 1,62 Meter hohe eichenhölzerne Kultfigur aus dem Schlick gezogen, die auf ein mythisches Zentrum hindeuten könnte und sich heute im Märkischen Museum zu Berlin befindet. Im Mittelalter stand hier eine kleinere Burg, deren Spuren sich im Dunkeln der Geschichte verlieren. Der Ausbau des brandenburgischen Wasserstraßensystems zur Zeit Friedrich des Großen brachte auch für Altfrie-

Die Schleuse in Altfriesack mit Statue des „Fischers Traum“

sack die Moderne: 1790 wurde an dieser Stelle der Durchstich durch die bereits erwähnten Seen erreicht und eine Schleuse gebaut. Zu jener Zeit eine durchaus zu würdigende Leistung preußischen Ingenieurgeistes.

Im Jahre 1994 wurden die mehr als 200 Jahre alte **Klappbrücke** und die Schleuse restauriert. Nach dem altbekannten Werbeslogan: „Gut geklaut ist besser als schlecht erfunden“, gibt es seit diesem Jahr auch das stets im August mit regem Interesse begangene **Brückenfest**. Wenn Sie also das über 100-jährige Neuruppiner verpasst haben oder zwei feiern wollen – Hingehen lohnt sich! Ebenso wie der Besuch in der **Fischerei** von Herrn Pfefferkorn: Fisch preiswert und frisch – sogar in eigenen Teichen kann man angeln und für ein köstliches Fischbrötchen sollte man sich immer Zeit nehmen. Es erwartet die Besucher eine herrliche Kulisse.

AUSFLUGSEMPFEHLUNG:

- Radensleben

  Seit 1864 mit dem Namen derer von Quast verbunden. Der Schinkelschüler Alexander von Quast (1807–1877) gilt als Ahnenherr aller deutschen Denkmalschützer und hat hier das Herrenhaus (1833) und die sehenswerte Dorfkirche (1864) restaurieren lassen. Die Familiengruft, ein Campo santo, ist erhalten und stammt aus dem Jahre 1854.

Karwe und die Seeschlacht von Carwe

Wer an Seeschlachten denkt, hat vielleicht den legendären Lord Nelson vor Augen oder vielleicht Störtebekers Kämpfe mit der Hanse – aber eine Seeschlacht am Südzipfel des Ruppiner Sees? Karl (mit C auf dem Epitaph an der Südseite der Kirche zu Karwe geschrieben) Friedrich von dem Knesebeck, geboren zu Karwe 1768, gest. in Berlin 1848, Köngl. Preuß. Generalfeldmarschall und „gedient von seinem 13ten Lebensjahre bis zu seinem Tode" hat sie erlebt und beschrieben. In Karwe, auf den Anwesen der Knesebecks scheint man sich im Sommer genauso gelangweilt zu haben, wie auf der gegenüberliegenden Uferseite bei den von Zietens. Zur Belustigung und wohl durchaus auch mit pädagogischem Anspruch gegenüber den anwesenden jungen Offizieren wurde eine militärische (Übungs-) Auseinandersetzung auf dem Wasser beschlossen. „Mit Zieten war verabredet, daß wir von Carwescher Seite zuerst heftig angreifen, er zurückrudern, dann aber uns angreifen wolle und wir dann weichen sollten. Alles ging, wie verabredet war. Als wir nun aber retirierten, kam eine Kriegslist unsererseits, die nicht bestimmt war." Im Schilf hatte die Kneseckseite 24 Fischerkähne nebst Besatzungen versteckt, die plötzlich im Rücken der Verfolger auftauchten. „Wir ruderten nun, rasch angreifend, auf Zietens Kahn los, kamen dabei so dicht aneinander, dass ein Funke von einem Schwärmer oder eine Granate, die er abfeuerte, gerade nach meinem Pulverkasten flog, aus dem ich eben eine Granate holte. Den Pulverkasten ergreifend und über Bord werfen war Eins", erinnert sich der Feldmarschall. Verletzte hat es bei dem Kriegsspiel nicht gegeben und am Ende kamen alle mit einem Schreck davon: „Das sind die wahren Soldaten; Feinde auf dem Schlachtfelde, Freunde zu Hause!" – soll das Motto des später gefeierten Festes gewesen ein. Und der berühmte Zieten soll dem jungen Knesebeck ein bewegendes „Komme her mein Sohn und küsse mich. Werde so ein braver Mann als Dein Vater" zugeraunt haben. Was für ein Kompliment!

Und Karwe heute? Eine Heimatstube zeigt eine Ausstellung über das ländliche Leben und im Sommer treffen sich Bildhauer zu einem Symposium. In der Alten Schäferei arbeitet der Bildhauer Matthias Zágon Hohl-Stein, dessen „Parzival" wir bereits in Neuruppin entdeckt haben. Hier in Karve hat Hohl-Stein einen Skulpturengarten geschaffen und lässt sich nach Anmeldung über die künstlerische Schulter schauen. Das Knesebecksche Herrenhaus ist leider 1983/84 abgerissen worden, so dass sich Interessierte nur an die Texte von Fontane und Hamilton halten können.

Die Feldsteinkirche des 1482 erstmals erwähnten Gutes wurde mehrmals erweitert und umgebaut. Die Ausstattung mit „bäuerlichem Rokokocharakter" zu beschreiben, ist sicherlich treffend. Am ehemaligen Gutspark vorbei, führt ein Wanderweg am Seeufer entlang, durch das 1422 erstmals erwähnte Dörfchen Gnewikow, bis ins sieben Kilometer entfernte Neuruppin.

Die Kirche von Karwe

Gnewikow

Der Ort schmiegt sich an die Uferpromenade des Ruppiner Sees - was vor allem die Gäste des Jugenddorfes & Hotels auf **Gut Gnewikow** schätzen und lieben gelernt haben. Eine erste Erwähnung des Dorfes stammt aus dem Jahre 1422. Besuchern, die außer an den Bade- und sonstigen Wasservergnügen, noch an den Kulturleistungen unserer Altvorderen interessiert sind, ist ein Spaziergang zur **Dorfkirche** zu empfehlen. In dem spätgotischen Gotteshaus, dessen jetzige Gestaltung auf das 16. Jahrhundert zurückgeht, sind besonders Altar und Kanzel beachtenswert. Beide stammen aus der Spätrenaissance und sind eindrucksvoll gearbeitet.

Ehemaliges Gutshaus, jetzt Hotel, in Gnewikow

Wuthenow

Das Dörfchen Wuthenow liegt vis-à-vis von Neuruppin am Ostufer des Sees – weshalb von hier aus auch, entsprechendes Wetter vorausgesetzt, ein schöner Blick auf die Stadt zu genießen ist. Im Dorf selbst, das sich an die Ufer einer kleinen Bucht (Lanke) schmiegt, gibt es eine im Rundbogenstil Schinkelscher Schule ausgeführte Kirche von 1835. Einer interessierten Leserschaft ist das Dorf sicherlich durch Fontanes Roman „Schach von Wuthenow“ (1882 erschienen) bekannt.

Gildenhall

Der Ort liegt auf der **Neuruppin** gegenüberliegenden Uferseite. Hier hat sich einmal eines der innovativsten Kunst- und Handwerkszentren Deutschlands befunden. Nach der Idee des Siedlungstechnikers Georg Heuyer aus Berlin entstand hier ab 1921 eine Freilandsiedlung nach dem Bauhaus-Modell. Die Handwerkersiedlung sollte die verschiedensten werkkünstlerischen Disziplinen auf einem geschlossenen Refugium vereinigen und nach außen auch als eine Marke auftreten. So kamen im Laufe der Jahre Bildhauer, Keramiker, Textilgestalter, Theaterplastiker, Kunstschmiede und Handweberinnen, aber auch Tischler und Schuhmacher, um am Ufer des Ruppiner Sees eine gemeinsame Vision zu leben und zu arbeiten. Im Krisenjahr 1929 wurde auch die „Haus- und Hausrat GmbH Gildenhall" ein Opfer der Weltwirtschaftskrise – auf dem Gelände wurden später die Ruppiner Möbelwerkstätten und eine Kunstschmiede aufgebaut. Im **Museum Neuruppin** kann man mehr zum Konzept „Gildenhall" erfahren. Die vom Architekten Adolf Meyer konzipierten Ausstellungs- und Verwaltungsgebäude stehen heute noch, ebenso wie die Neulandsiedlung in der die Handwerker und Künstler gelebt haben. Das einstige Seehotel Gildenhall ist ein Bau von 1928 und wurde in den 1990er-Jahren saniert. Heutzutage ist ein Seniorenheim darin eingerichtet.

AUSFLUGSEMPFEHLUNG:

- Auto: Oranienburg (Barocke Schlossanlage)
- Rad: bei Fehrbellin – Schlachtendenkmal, die kleine Siegessäule, von Christian Daniel Rauch, in Hakenberg: „In den Staub mit allen Feinden Preußens", Schlacht bei Fehrbellin
- Fuß: Nach Alt Ruppin (Dorfkirche) und auf die Insel Poggen

Einige Objekte der einstigen Handwerkersiedlung Gildenhall sind im Museum Neuruppin zu betrachten.

Stichwortverzeichnis

Mecklenburg-Vorpommern
Brandenburg
Buchheide
1
Gr. Wummsee
Maronstein
Twern-see
Luhme
Giesenschlag-see
Grünplan
Klein-zerlang
Marina Wolfsbruch
Himmelreich
Prebelow-see
Prebelow
JH
Buch-heide
Plötzen-see
Brandheide
Heimland
Neumühl
Tietzowsee
Repente
Flecken-Zechlin
Schwarzer See
Kirche
Großer Zechliner See
Zootzensee
Reiher-holz
Kirche
Naturkundliche Ausstellung
Zechliner-hütte
Schlaborn-see
Alfred-Wegener-Museum
Bikowsee
Dollgowsee
Junker-heide
Eichholzberge 111
Kirche
Mühlen-museum
Bramin-see
Schlaborn
Zechlin-Dorf
122
Gr. Pätschsee
Hohenelse
Blocks-berge
Kagarsee
Kagar
Rheinsberger See
Wallitz
Reiherholz
Hafendorf Rheinsberg
Warenthin
Möckern
Boberow
Gr. Linow-see
Grienerick-see
Kl. Linow-see
Aboretum
Rheinsberg Schloss
Trudelberg 100
Linow
Lotharhof
Charlottenau
RHEINSBERG
Uhlenberge
Priesterbucht
Schulzen-see
117 Krähenberge
Rheinsberg Glienicke
Zühlen
Hellberge
Berkholzofen
Ruppiner
Zechower Berge
Braunsberger Höfe
Kalksee
Binenwalde
Braunsberg
Gühlen Glienicke
Rheinshagen
Schwanow
Boltenmühle
Steinberge
Zechower Heide
Kunsterspring
Forst
Tornowsee
Tornow
Altruppin

2
Kleiner
Großzerlang
Kolonie Großzerlang
84
Großer Pälitzsee
Pelzkuhl
Pelzräumde
Adamswalde
Menowsee
Steinförde
Kl. Glietzensee
Schönborn
Gr. Glietzensee
Peetschsee
Menzer Heide
Mönchseichen
Flache Heide
Gr. Krukowsee
Großer Stechlinsee
Dagow
Glasmacherhaus
Stechlinsee-Center
Neuglobsow
Fontanehaus
Alte Fischerhütte
ehem. Kernkraftwerk Rheinsberg
Beerenbusch
Krummer See
Feldgrieben
Wittwesee
Nehmitzsee
Stechlin-
Neuroofen
Eckerberg
89
Roofensee
Waldsiedlung
Kölpinsee
Waldschänke
Zeutensee
Siedlung Grunow
NaturParkHaus Stechlin
Sellenwalde
Menz
Künstlerhof Roofensee
Zechowsee
Großer Tietzensee
Ludwigshorst
Hof Kunow
Zernikow
Wölzensee
Schulzenhof
Grabstätte E.Strittmater
Miniaturenpark
Döllnitz
Dollgow
Güldenhof
Köpernitzer See
Dollgower See
Köpernitzer Mühle
Heinrichsfelde
Hartzwalde
Kl. Rhin
Neu Köpernitz
79
Zähe Berg
Köpernitz
Grünhof
Kienheide
Heinrichsdorf
Histor. Feuerwehr
Hindenberg
Schulzendorf
Mühlenfließ
Klapper Berg
745
Dierberger Gemeindeheide
Dierberg
Rudershof
Sonnenberg

3
80
Schwanow
NSG Ruppiner Schweiz
Boltenmühle
Steinberge
Tierpark Kunsterspring
Forst
TORNOWSEE
Tornow
NSG Kunsterspring
Kunster
Rottstiel
ZERMÜTZELSEE
-Frankendorf
Waldmuseum
Zermützel
Stendenitz
65
TETZENSEE
Bürger-
Heidehaus
Krange
Herrenhaus
Gentzrode
Waisenkrug
Storbeck-
MOLCHOW
Woltersdorfbaum
MOLCHOW-SEE
Queste
heide
Kränzliner Siedlung
Kuhburgberg
48
-Wahlendorf
Neu-mühle
RHIN
Schäferei
Rieselfelder
Darritz-
Neuruppiner Segelfluggelände
Musiker-siedlung
Mesche
ALT RUPPIN
167
NEURUPPIN
SEE
HP Neuruppin-West
HP Neuruppin Rheinsberger Tor
GILDEN-HALL
P+R
Bechliner Mesche
Kränzlin
Tempel-garten
Fontane Therme
Fontane Denkmal
Kloster-kirche
Nietwerder
BECHLIN
LANKE
RUPPINER
WUTHENOW
Neuruppin
22
Dabergotz
24
Gnewikow
Jugenddorf Gut Gnewikow
Gut Hesterber
TRESKOW
Lichtenber
Seehof

HEINRICHS-
DORF
Histor.
Feuerwehr
HINDENBERG
4
Schulzendorf
Zechower
Heide
Rheinshagen
Dierberger
122
DIERBERG
Rodershof
Rhin
Gemeindeheide
Banzendorf
Beeke
Beke
Rönnebeck
Kramnitz
Mühle
Kramnitz
Rhin
Lietze
KLOSTER-
HEIDE
Zippelsförde
Rosenhof
RHIN
KELLER
GUDELACK-
Dampfmühle
WERDER
Zisterzienser-
kloster
Saalkirche
MÖLLENSEE
SEE
Sportschule
Lindow
Gühlen
Wulzsee
LINDOW
(Mark)
Ferienpark
Klausheide
Schönbirken
Strubensee
Lindower
Ravenhorst
Birkenfelde
Stadtforst
Gr.Strubensee
Tholmann-
see
VIELITZ-
SEE
Seebeck
SCHÖNBERG
Vielitz
Siedlung
Werbellinsee
Vielitzsee
Werbellinsee
Schöner
Berg
60
Vielitz
Ausbau
Hohes
Holz
Fenkel-
busch
Herzberg (Mark)
Bf.Herzberg (Mark)
167
Rüthnicker
Pläne
Grieben
Griebener
Heide
Wolfsberge
40
Radensleben

Temnitzquell
Netzeband
Gutshaus
5
65
Katerbow
Katerbower See
Buchenhaus
Sankt Jürgen
Waisenkrug
Storbeck
Charlottenhof
Klappgraben
Woltersdorfbaum
Temnitz
Woltersdorf
Kränzlin Siedlung
-Wahlendorf
Walsleben
Heideberg
65
Schäferei
Walslebener Mühle
Darritz-
Dannenfeld
Walsleben
Neuruppiner Segelfluggelände
Märkisch
Mesche
Linden
Bechliner Mesche
Paalzow
Kränzlin
Werder
Gottberg
BECHLIN
Landwehrgr.
Neuruppin
22
Dabergotz
24
51
Kerzlin
Blocksberg
42
Wildberg
-Lüchfeld
Stöffin
Küdow-
Temnitztal
Temnitz
Hoher Berg
58
Manker
Rollberg
52
Garz
Herrenhaus
Walchow
23
Protzen
Dammkrug
Hütungsluch

Stendenitz
TETZENSEE
Heidehaus
KRANGEN
Herrenhaus
Gentzrode
MOLCHOW
MOLCHOW-SEE
Queste
heide
Kuhburgberg
48
Neumühle
RHIN
Rieselfelder
ALT RUPPIN
Kirchenheide
Klausheide
122
Rhin
Kramnitz Mühle
6
Lietze
Zippelsförde
RHIN
GUDELACK-WERDER SEE
MÖLLENSEE
Gühlen
Ferienpark Klausheide
Dietershof
Stadtforst
Tholmannsee
Roofwinkel
50
Sperlingsberge
NEURUPPIN
167
HP Neuruppin Rheinsberger Tor
GILDENHALL
SEE
P+R
Fontane Denkmal
Kloster-kirche
JVA
Siedlung Werbellinsee
Werbellinsee
Wulkow
Nietwerder
LANKE
WUTHENOW
RUPPINER
Hohes Holz
Fenkelbusch
Heimtierpark
Herzberg (Mark)
Hermannshof
Gnewikow
Jugenddorf
JH Gut Gnewikow
Lichtenberg
Gut Hesterberg
TRESKOW
Radensleben
Wolfsberge
40
Radehorst
Seehof
RUPPINER SEE
Herzberger Wiesen
Buskow
Karwe
Heimatstube
Bf.Wustrau-Radensleben
Wustrau-
Brandenburg-Preußen Museum
Albertinenhof
Altfriesack
Papstthum
Neukammer Luch
Langen

Zeichenerklärung

Eisenbahnlinie mit Bahnhof	Tennisanlage; Golfplatz
Draisinenstrecke mit Draisinenausleihstation	Aussichtsturm
Industriegleis	Aussichtspunkt
Autobahn	Funkmast, Funkturm
Bundesstraße 4 spurig	Turm; Wasserturm
Bundesstraße	Windmühle; Hofladen
Wichtige Straße	Findling
Landstraße, Fahrweg	Großsteingrab
Weg	Hügelgrab; Wallanlage
Straße mit Entfernungsangabe	Großparkplatz (Auswahl)
Bundeslandgrenze	Tankstelle (Auswahl)
Grenze UNESCO-Weltnaturerbe	Hafen; Bootsanlegestelle
Grenze Naturpark	Freibad; FKK
Fähr- u. Schifffahrtslinie	Schwimmhalle
Schleuse	Erlebnisbad
Burg, Schloss; Ruine	Fahrradvermietung
Kirche; Kapelle	Bootsvermietung
Touristinfo	Angeln; Segeln, Surfen
Denkmal; Baudenkmal	Wasserski
Techn. Denkmal	Wassermühle
Galerie; Museum	Naturparkinfo
Theater; Freilichtbühne	Botanischer Garten
Campingplatz	Park; Tierpark
Herberge; Jugendherberge	Hervorragender Baum
Feriendorf	Naturdenkmal
	Krankenhaus, Klinik
	Besondere Sehenswürdigkeit
	Sehenswürdigkeit

Maßstab 1 : 100 000

0 1 2 3km

ALLGEMEINE INFORMATIONEN

- TMB, Tourismus-Marketing Brandenburg GmbH, Humboldtstraße 1–2, 14467 Potsdam, Tel.: 0331 / 2004747, www.reiseland-brandenburg.de
- Tourismusverband Ruppiner Seenland e. V., Fischbänkenstraße 8, 16816 Neuruppin, Tel.: 03391 / 659630, www.ruppiner-reiseland.de
- Tourismusservice „BürgerBahnhof", Karl-Marx-Straße 1, 16816 Neuruppin, Tel.: 03391 / 45460, www.tourismus-neuruppin.de
- Touristinformation Rheinsberg, Remise am Schloss / Mühlenstraße 15 A, 16831 Rheinsberg, Tel.: 033931 / 34940, www.rheinsberg.de

Wandern:
Ruppiner-Land-Rundwanderweg, Fontanewanderweg. Empfohlene Einzeletappen, Wegeführungen und Kartenempfehlungen über den Tourismusverband Ruppiner Seenland e. V., Tel.: 03391 / 659630 und über www.wander-bahnhoefe-brandenburg.de oder auch bei den Touristinformationen

Radfahren:
Fontanes Spuren entdecken: Auf dem „Seen-Kultur-Radweg"

Die Erläuterungen zum Gewässernetz der Region wie Brückenhöhen, Schleusenmaße und Betriebszeiten, Verkehrsbeschränkungen sowie Höchstgeschwindigkeiten erhalten Sie im Anschluss an die Touristinformationen.

Spezielle Informationen zu den im Buch erwähnten Orten in alphabetischer Reihenfolge:

16818 Fehrbellin, OT Altfriesack
- Touristeninformation siehe Wustrau
- Alte Fischerei, Tel.: 033925 / 70604
- Fischerei Pfefferkorn, OT Altfriesack, Tel.: 033925 / 71195
- Ferienanlage Kanucamp, Tel.: 033925 / 90163

16818 Fehrbellin, OT Wustrau
- Brandenburg-Preußen-Museum, April–Okt. Di.–So. 10–18 Uhr, Nov.–März: Di.–So. 10–16 Uhr, Tel.: 033925 / 70798
- Heimatstube, Hohes Ende 20, 16818 Wustrau, Sa./So. von Mai–Sept. 14–16 Uhr, Tel.: 033925 / 70233
- Schloss Wustrau, Deutsche Richterakademie, Tage der offenen Tür, Tel.: 033925 / 8970
- Constance-Haus, Kunstausstellungen und Kleinkunstprogramm im Café, Tel.: 033925 / 70676
- Campingplatz Zum Roten Milan, Hohes Ende 3, Tel.: 033925 / 70210
- Camping am Ruppiner See, Hohes Ende 6, Tel.: 033925 / 28971

16775 Großwoltersdorf, OT Zernikow
- Gutsanlage Zernikow, Tel.: 033082 / 51288, Zernikower Ritterfest, Zernikower Maulbeerfest

16818 Gühlen-Glinicke, OT Boltenmühle
- Hotel & Restaurant Boltenmühle, Tel.: 033929 / 70500

16831 Kleinzerlang, OT Prebelow
- Kinderland Prebelow e. V., Prebelow 6–8, Tel.: 033921 / 5080

16835 Lindow (Mark)
- Touristinformation der Stadt Lindow (Mark), Am Marktplatz 1, Tel.: 033933 / 70297
- Heimatstube „Schau mal rein", So. und nach Vereinbarung, Tel.: 033933 / 71422
- Campingplatz „Weißer Sand", Am Gudelacksee 3, Tel.: 033933 / 79530

Bootsverleih:
- Bootsverleih am Wutzsee, Tel.: 033933 / 8900
- Heides Wassersport-Zentrum Lindow, Tel.: 033933 / 70241; 0175 / 9580556
- Yachtcharter Lindow, Tel.: 033933 / 71908
- Kanu-Verleih Vielitz, Kirchstraße 50, 16835 Vielitzsee, Tel.: 0179 / 1244577

16816 Neuruppin
- Tourismusverband Ruppiner Seenland e. V., Fischbänkenstraße 8, Tel.: 03391 / 659630
- Tourismusservice „BürgerBahnhof", Karl-Marx-Straße 1, Tel.: 03391 / 45460
- Fahrgastschifffahrt Neuruppin, Anleger: An der Seepromenade, Tel.: 03391 / 45460
- Museum Neuruppin, August-Bebel-Straße 14–15, Tel.: 03391 / 3555100
- Tempelgarten, Präsidententraße 64
- Schinkel-Gesellschaft im Predigerwitwenhaus, Fischbänkenstraße 8, Tel.: 03391 / 650062
- Hotel: Up Hus Idyll, Siechenstraße 4, Tel.: 03391 / 398844 od. 650800
- Weinhaus am Neuen Markt, Kommissionsstraße 17, Tel.: 03391 / 651101
- Fontane Buchhandlung, Karl-Marx-Straße 83, Tel.: 03391 / 2297

16827 Neuruppin, OT Alt Ruppin
- Waldzentrale Alt Ruppin, Tel.: 03391 / 403780
- Kornspeicher Neumühle, Neumühle 3, Tel.: 03391 / 75150

16827 Neuruppin, OT Stendenitz
- Campingplatz „Am Rottstielfließ", Am Rottstielfließ, Tel.: 033929 / 70644 oder 50990, www.camping-rheinsberg-neuruppin.de
- Waldmuseum, Mai–Sept. Mi.–So. 10–17 Uhr, Tel.: 03391 / 7008613

16831 Rheinsberg
- Stadt Rheinsberg Touristinformation, Remise am Schloss / Mühlenstraße 15 A, Tel.: 033931 / 34940, info@tourist-information-rheinsberg.de
- Schloss Rheinsberg, Tel.: 033931 / 7260, schloss-rheinsberg@spsg.de
- Informationen zum Spielplan der Kammeroper Schloss Rheinsberg und der Musikakademie Rheinsberg, Tel.: 033931 / 72117 und 033931 / 34940
- Keramikmuseum, Tel.: 033931 / 37631, achatporzellan@gmx.de
- Rheinsberger Keramik-Manufaktur Dornbusch (KMD), Tel.: 033931 / 349512
- Carstens Keramik Rheinsberg, Tel.: 033931 / 2003 oder 34156
- Kurt-Tucholsky-Literaturmuseum, Tel.: 033931 / 39007
- Fahrgastschifffahrt Reederei Eberhard Halbeck, Markt 11, Tel.: 033931 / 38619
- AG Rheinsberger Bahnhof e. V., Tel.: 033931 / 37017, immer dienstags, ag@bahnhof-rheinsberg.de

Bootsverleih: www.schifffahrt-rheinsberg.de
- Reederei Halbeck, Markt 11, 16831 Rheinsberg, Tel.: 033931 / 38619 und 39390
- Rheinsberger Adventure Tours, Parkstraße 1, Tel.: 0172 / 6048375
- Hausboot: Floß Vermietung Mirko Föst, Tel.: 033931 / 29603

Hafendorf Rheinsberg:
- Hafenmeisterei & Bootsverleih und Wassersportschule: Boat-City Christian Halbeck, Kaistraße 3, Tel.: 033931 / 80545, info@boat-city.de www.boat-city.de

16837 Rheinsberg, OT Wallitz
- Kutschfahrten mit Kutschenkarsten, kutschenkarsten@arcor.de, Tel.: 0160 / 93376301

16837 Rheinsberg, OT Dorf Zechlin
- Mühlenmuseum, Führungen nach tel. Anmeldung, Tel.: 033923 / 70267

16837 Rheinsberg, OT Flecken Zechlin
- Touristinformation Flecken Zechlin, Rheinsberger Straße 15, Tel.: 033923 / 715013 oder 70412 oder 033931 / 34940
- Kirche Flecken Zechlin
- Bootsverleih Maranke, Amtsstraße 4, Tel.: 033923 / 70155, 0174 / 9139984

16831 Rheinsberg, OT Zechlinerhütte
- Alfred-Wegener-Museum, Tel.: 033921 / 70217, 033931 / 39007, Öffnungszeiten unter www.alfred-wegener-museum.de

16831 Rheinsberg, OT Kleinzerlang
- Marina Wolfsbruch, Im Wolfsbruch 3, Tel.: 033921 / 87

16831 Rheinsberg, OT Warenthin
- Bootsverleih Rheinsberg, Seestraße 6, Tel.: 033931 / 16831

16775 Stechlin, OT Menz
kontakt@menz-stechlin.de
- NaturParkHaus, Kirchstraße 4, Tel: 033082 / 51210, post@naturparkhaus.de, www.naturparkhaus.de

16775 Stechlin, OT Neuglobsow
- Touristinformation Stechlin im Glasmacherhaus, Stechlinseestraße 21, Tel.: 033082 / 70202, www.stechlin.de
- Märkisches Glasmuseum, Stechlinseestraße 21, Tel.: 033082 / 40863
- Tauchbasis, Tel.: 033082 / 70453, info@tauchbasis-stechlinsee.de

16775 Stechlin, OT Schulzenhof
- Gedenkort für Eva und Erwin Strittmatter

16818 Temnitzquell, OT Netzeband
Theatersommer, Förderverein Temnitzkirche e. V., Tel.: 033924 / 299837, Tickets: 033931 / 34940

Jugendunterkünfte
- Neuruppin: Jugenddorf am Ruppiner See & Gut Gnewikow, Gutstraße 23, 16818 Neuruppin, OT Gnewikow, Tel.: 03391 / 402720, www.jugenddorfruppinersee.de
- Zechliner Hütte: Jugendherberge Prebelow, Prebelow 2, 16831 Rheinsberg, OT Prebelow, Tel.: 033921 / 70222, www.jh-prebelow.de

Wassersportinformationen

Brückenhöhen
- die Angaben beziehen sich auf Mittelwasser
- Brücken ohne Höhenangabe haben eine Mindesthöhe von 5,2 m über Mittelwasser

Verkehrsbeschränkungen
Alle Seen im Naturschutzgebiet Stechlin dürfen nur mit durch die Untere Naturschutzbehörde registrierten Booten befahren werden. Diese Regelung gestattet nur von Muskelkraft betriebene Boote, lediglich auf dem Großen Stechlin umfasst diese auch Segelboote der Kategorie Jolle. Beim Bootsverleih in Neuglobsow können Boote zum Befahren des Stechlinsees gemietet werden.

Auf all diesen Seen gilt, dass entsprechend genehmigte Boote auch nur von ausgewiesenen Liegeplätzen ins/aus dem Wasser gesetzt werden dürfen. Zu den Röhrichten ist ein Mindestabstand von 15 m einzuhalten und das Befahren von Wasserpflanzen- oder Schwimmblattbeständen ist verboten.

Höchstgeschwindigkeiten für Sportfahrzeuge mit Maschinenantrieb
Maximal 9 km/h gelten auf folgenden Gewässern:
Kanalabschnitte der Rheinsberger Gewässer, der Zechliner Gewässer, der Oberen-Havel-Wasserstraße
Abweichend von diesen Angaben beträgt die zulässige Höchstgeschwindigkeit auf Seen und seeartigen Erweiterungen mit einer Gewässerbreite von mehr als 250 m außerhalb der ufernahen Schutzstreifens 25 km/h.

Die Schleusen in Übersicht:

Schleusenzeiten Stand Ende 2022, aktuelle Öffnungszeiten unter: www.elwis.de
Länge (L); Breite (B); Hub (H)

Schleuse Diemitz, Tel: 039827 / 30450
L = 42 m; B = 5,3 m; H = 1,4 m

Betriebszeiten:	14.03. bis 31.03.	täglich	9 bis 12 Uhr und 13 bis 15.45 Uhr
	01.04. bis 31.05.	täglich	9 bis 17.45 Uhr
	01.06. bis 31.08.	täglich	7 bis 20.45 Uhr
	01.09. bis 31.10.	täglich	9 bis 12 Uhr und 13 bis 17.45 Uhr
	01.11. bis 30.11.	täglich	9 bis 12 Uhr und 13 bis 15.45 Uhr
	01.01. bis 13.03.	kein Betrieb	

Schleuse Canow, Tel: 039828 / 20255
L = 41,6 m; B = 5,3 m; H = 1,3 m

Betriebszeiten:	14.03. bis 31.03.	täglich	9 bis 12 Uhr und 13 bis 15.45 Uhr
	01.04. bis 31.05.	täglich	9 bis 12 Uhr und 13 bis 17.45 Uhr
	01.06. bis 31.08.	täglich	7 bis 20.45 Uhr
	01.09. bis 31.10.	täglich	9 bis 12 Uhr und 13 bis 17.45 Uhr
	01.11. bis 30.11.	täglich	9 bis 12 Uhr und 13 bis 15.45 Uhr
	01.01. bis 13.03.	kein Betrieb	

Schleuse Strasen, Tel: 039828 / 20484
L = 41,5 m; B = 5,1 m; H = 1,5 m

Betriebszeiten:	14.03. bis 31.03.	täglich	9 bis 12 Uhr und 13 bis 15.45 Uhr
	01.04. bis 31.05.	täglich	9 bis 12 Uhr und 13 bis 17.45 Uhr
	01.06. bis 31.08.	täglich	7 bis 20.45 Uhr
	01.09. bis 31.10.	täglich	9 bis 12 Uhr und 13 bis 17.45 Uhr
	01.11. bis 30.11.	täglich	9 bis 12 Uhr und 13 bis 15.45 Uhr
	01.01. bis 13.03.	kein Betrieb	

Schleuse Steinhavel, Tel: 033093 / 32095
L = 41,9 m; B = 5,3 m, H = 1,6 m

Betriebszeiten:	16.03. bis 31.03.	täglich	9 bis 12 Uhr und 13 bis 15.45 Uhr
	01.04. bis 31.05.	täglich	9 bis 12 Uhr und 13 bis 17.45 Uhr
	01.06. bis 31.08.	täglich	7 bis 20.45 Uhr
	01.09. bis 31.10.	täglich	9 bis 12 Uhr und 13 bis 17.45 Uhr
	01.11. bis 30.11.	täglich	9 bis 12 Uhr und 13 bis 15.45 Uhr
	01.01. bis 31.03.	kein Betrieb	

Schleuse Wolfsbruch, Tel: 033921 / 70240
L = 42,6 m; B = 5,2 m; H = 0,4 m

Betriebszeiten:	01.04. bis 30.09.	täglich	7 bis 21 Uhr
	01.10. bis 31.10.	täglich	8 bis 20 Uhr
	01.11. bis 31.12.	täglich	8 bis 16 Uhr, inklusive Pause
	01.01. bis 31.03.	täglich	8 bis 16 Uhr, inklusive Pause

Ankerplätze für Sportboote

1. Wustrau
2. Neuruppin
3. Molchow
4. Lindow
5. Rheinsberg
6. Kagar
7. Zechlinerhütte
8. Flecken Zechlin
9. Kleinzerlang
10. Marina Wolfsbruch

WEITERFÜHRENDE UND VERWENDETE LITERATUR

Bechstein, Ludwig: Deutsches Sagenbuch, Leipzig 1853

Böwe, Kurt: Böwes Fontane, Das Neue Berlin, Berlin 1997

Bratring, Friedrich Wilhelm August: Sagen aus der Grafschaft Ruppin und Umgebung, Berlin 1799

Burkhardt, A.: Sagen und Märchen aus der Mark Brandenburg, Berlin-Brandenburg, Berlin 1995

Dinger, Walter: Rheinsberger Sagen aus der „Märkische Zeitung", Berlin 1932

Drommer, Günther: Erwin Strittmatter – Des Lebens Spiel, Aufbau Taschenbuch Verlag, Berlin 2002

Eckert, Gerhard: Anekdoten aus Brandenburg, Husum Verlag, Husum 2002

Fontane, Theodor: Die Grafschaft Ruppin – Wanderungen durch die Mark Brandenburg, Aufbau Taschenbuch Verlag, Berlin 2005

Fontane, Theodor: Der Stechlin, Aufbau Taschenbuch Verlag, Berlin 2004

Fontane, Theodor: Meine Kinderjahre, Nymphenburger Verlagshandlung, München 1985

Haase, Carl Eduard: Sagen der Grafschaft Ruppin und Umgebung, Neuruppin 1887

Handtmann, Eduard: Neue Sagen aus der Mark Brandenburg, Berlin 1883

Hamilton, Andrew: Rheinsberg, Aufbau Taschenbuch Verlag, Berlin 2005

Hartwig, Thomas: Die Magie von Rheinsberg, Hohenheim-Verlag, Stuttgart 2002

Heller, Gisela: Märkischer Bilderbogen, Verlag der Nation, Berlin 1981

Knesebeck, Karl Friedrich von dem: Die Seeschlacht von Carwe, Edition Rieger, Berlin 1998

Krockow, Christian Graf von: Rheinsberg – Ein preußischer Traum, dtv, München 1997

Kunzendorf, Paul: Sagen aus der Provinz Brandenburg, Cottbus 1911

Ludolfs, M.: Sabine – Die Geliebte des Kronprinzen Friedrich, Edition Rieger, Berlin 2000

Löschburg/Riedel: Unterwegs im Ruppiner Land, Tourist-Verlag, Berlin o.J.

Neumann, Ernst Wilhelm: Märkische Sagen, W. Hayn's Verlag, Berlin 1955

Neumann, Siegfried: Märkische Sagen, Weltbild Verlag, Augsburg 1998

Rieger, Günter: Wustrau – Das Dorf des alten Zieten, Edition Rieger, Karwe 2001

Schwartz, Wilhelm Friedrich Lebrecht: Sagen und alte Geschichten der Mark Brandenburg, Berlin 1871

Salzmann, Dieter (Hrsg.): Brandenburg entdecken (Bd. 1), Trescher Verlag, Berlin 1997

Scholz, Hans: Wanderungen und Fahrten durch die Mark Brandenburg, 10 Bd., Stapp Verlag, Berlin 1975–1984

Strittmatter, Erwin: Schulzenhofer Kramkalender, Aufbau-Verlag, Berlin und Weimar 1969

Strittmatter, Erwin: Selbstermunterungen, Aufbau-Verlag, Berlin und Weimar 1984

Strittmatter, Erwin: Die blaue Nachtigall oder Der Anfang von etwas, Edition neue Texte, Aufbau-Verlag, Berlin und Weimar 1981

Strittmatter, Erwin: Der Wundertäter – Teile I–III, Aufbau-Verlag Berlin und Weimar, 1980

Strittmatter, Erwin: Der Laden, Aufbau-Verlag, Berlin 1997

Strittmatter, Erwin: Ein Tag im September, Aufbau-Verlag, Berlin und Weimar 1981

Tucholsky, Kurt: Rheinsberg – Ein Bilderbuch für Verliebte, rororo, Hamburg 1987

Ullmann, Hellmuth von: Beinahe ein König – Das seltsame Leben des Prinzen Heinrich von Preußen, Deutscher Literatur Verlag, Hamburg 1986

Ziebura, Eva: Prinz Heinrich von Preußen, Stapp Verlag, Berlin 1999

Die Mark Brandenburg (Heft 46): Der ewige Prinz, Lucie Großer Verlag, Berlin 2002

Rat der Stadt Rheinsberg (Hrsg.): Das stille Schloß am Boberow-Walde – Rheinsberg in Literatur und Kunst, 1984

Heinrich, Dr. Gerd (Hrsg.): Handbuch Historischer Stätten Deutschlands – Berlin Brandenburg, Alfred Kröner Verlag, Stuttgart 1995

Dehio, Georg: Handbuch der Deutschen Kunstdenkmäler. Brandenburg, Deutscher Kunstverlag, Berlin 2000

Badstübner, Ernst: Brandenburg. Das Land um Berlin, DuMont Kunst-Reiseführer, MuMont Reiseverlag, Ostfildern 2000

Piltz, Georg: Kunstführer durch die DDR, Urania, Leipzig 1969

Michelin, Der Grüne Reiseführer Deutschland, Travel House Media, München 2005

↗ Seite 63

Die Karten zum Buch

Rad-, Wander- und Gewässerkarte *Maßstab 1:35.000*

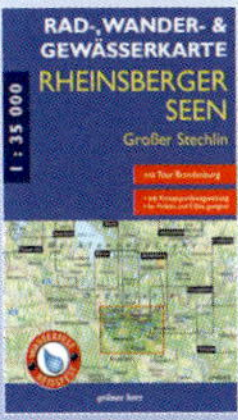

978-3-86636-100-3

Gewässerkarte *Maßstab 1:50.000*

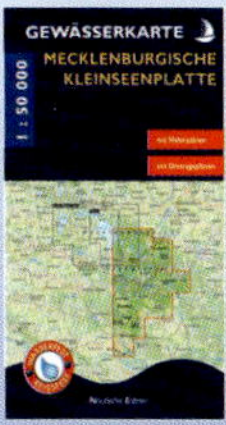

978-3-86636-996-2

Fahrradkarten *Maßstab 1:75.000*

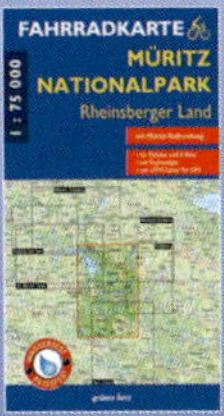

978-3-86636-084-6

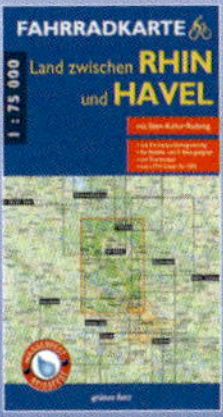

978-3-86636-259-8

Freizeitkarten *Maßstab 1:100.000*

978-3-86636-055-6

978-3-86636-057-0

Reiseführer aus dieser Serie:

978-386636-159-1

978-3-86636-147-8

978-3-86636-162-1

978-3-86636-398-4

978-3-935621-42-7

978-3-929993-92-9

978-3-95560-063-1

978-3-89798-576-6

Bestellung über:

Verlag ***grünes herz***®

Tel.: 03677 / 46628-10

Fax: 03677 / 46628-11

bestellung@vggh.de

www.gruenes-herz.de

Trotz gewissenhafter Bearbeitung kann eine Haftung für den Inhalt nicht übernommen werden. Für aktuelle Ergänzungen und Anregungen ist der Verlag jederzeit dankbar.
Wir bedanken uns bei allen, die uns unterstützt haben.

Impressum

Am Hang 27–28, 98693 Ilmenau
Tel.: 03677 / 46628-0, Fax: 03677 / 46628-80
www.gruenes-herz.de

Titelbild: oben: Dr. Lutz Gebhardt, unten: Anette Cotta
Fotos: Dr. Lutz Gebhardt; außer Seite 6: Henry Mund; Seiten 8, 69: Tierpark Kunsterspring; Seite 9: Jörg Rozycki; Seiten 10, 17, 30-41, 45, 58, 68: Anette Cotta; Seiten 12, 95: aus Röchling/ Knötel „Der Alte Fritz in 50 Bildern für Jung und Alt“, Verlag von Paul Kittel, Berlin 1895; Seite 14: Eva Sherpa; Seiten 16, 49, 80, 90: Dennis Gebhardt; Seite 18 oben: Barbara Pietzschmann, Seite 18 unten: Christine Wagner; Seite 19: ©Precise Resort Marina Wolfsbruch; Seite 20: Diana Kodisch, Kinderland Prebelow; Seite 21: Heimatverein Rheinsberger Seenkette e. V.; Seite 42: F.-R. Bergner, Musikkultur Rheinsberg; Seite 43: Jaqueline Schulz, Kammeroper; Seite 47 unten: Wolfgang Kassner, Berlin; Seite 51: Team NaturParkHaus Stechlin; Seite 53: AQUA Zehdenick; Seite 56: Förderverein KulturGutshaus, Bernd Donner; Seiten 62, 63: Touristinformation Stechlin; Seite 67: Hotel Boltenmühle; Seiten 70, 71: Theatersommer/ Rüdiger Henry Mundt; Seiten 72, 78: Andreas Neumann, Alt Ruppin; Seiten 75, 76: Touristinformation der Stadt Lindow/Mark; Seite 86: Tourismusverband Ruppiner Land; Seite 97: Andreas Bödecker, Brandenburg-Preußen-Museum; Seite 103: Doris Antony, Berlin (CCBY-SA 3.0); Seite 104: Kienzle, Oberhammer© Museum Neuruppin
Redaktion: Anette Cotta
Layout, Satz: Sibylle Senftleben
Schrift: Book Antiqua, Zapf Humanist
Titelgestaltung: Sibylle Senftleben
Druck: Salzland-Druck, Staßfurt

4. überarbeitete Auflage 2022

ISBN 978-3-86636-397-7